Collection dirigée par François Guérif

Chenil 56

LES AUTEURS

José-Louis Bocquet est l'auteur de plusieurs romans policiers dans les collections Série Noire, Le Poulpe et le Masque. Il a également publié des ouvrages consacrés aux cinéastes Clouzot et Lautner, à l'humoriste Goscinny et aux rappers d'expression française – « Rap ta France ».

Nathalie Champié a débuté dans la publicité. Elle est l'auteur d'une dizaine de guides humoristiques aux Éditions La Sirène – *Bébé à Bord*, *S.O.S Nounous*, *Le camping de A à Z*, *Le Guide illustré de la randonnée...* Nathalie Champié est également scénariste de dessin animé pour la télévision.

JOSÉ-LOUIS BOCQUET
NATHALIE CHAMPIÉ

Chenil 56

SYROS JEUNESSE

Conception graphique : Franck Sérac
Logo : Rocco

ISBN : 2-7485-0198-5

1

Il est enfermé dans le noir, il ne la voit pas, mais il entend la mouche voler. Il reste immobile. Il écoute le grésillement se rapprocher. La mouche virevolte autour de son oreille droite, elle hésite, semble vouloir se poser sur le sommet de son crâne, puis repart. La mouche est méfiante. Elle s'écarte de lui, s'éloigne vers le plafond, redescend en zigzaguant. Elle passe devant ses yeux.

Il ne la voit pas, mais il l'entend. Il n'a toujours pas bougé. Il la sent frôler les poils de sa moustache. C'est le moment. Un bref mouvement du cou. Sa mâchoire claque comme une porte. Il n'entend plus la mouche voler. Il sent à peine le corps de l'insecte entre ses crocs. Il l'avale d'un coup de langue, mais ce n'est pas suffisant. Il a encore faim. Il a toujours faim. Il pourrait dévorer un agneau, ou n'importe quoi d'autre au sang chaud. Mais les chiens ne rêvent pas d'un avenir meilleur. Sa gueule retombe entre ses pattes.

Quand la porte de la cave s'ouvre, le chien se dresse aussitôt, les crocs découverts, les oreilles coupées en pointe sur le qui-vive. À l'odeur, il reconnaît aussitôt son maître. Lucky. L'homme est jeune, une vingtaine d'années. Il a des poils autour de la bouche et il porte une casquette, visière retournée. Le chien se couche.

– Alors, Gun, tu es à point ? Tu vas avoir du sang aujourd'hui...

Gun remue le dernier vestige de sa queue, un moignon coupé court. Gun a faim et il sait que son maître est le seul être au monde susceptible d'apaiser cette brûlure à l'estomac. Mais Gun remue la queue en vain, son maître ne veut pas d'un bon chienchien, il veut un chien méchant.

– Allez ! Réveille-toi !

Le maître lui balance un coup de botte ferrée dans la gueule. Gun se relève aussitôt, muscles tendus. Il ne grogne pas, il ne se plaint pas, il sait que ça ne sert à rien, seulement à recevoir d'autres coups. C'est ainsi, à force de bastonnades et de privations, que Gun a compris que son nouveau maître est toujours le plus fort. Mais c'est aussi grâce à ce régime que

Gun s'impose toujours comme le plus fort dans l'arène. Parce qu'il est le plus affamé, le plus rapide, le plus méchant.

Gun n'a pas toujours été un chien dangereux.

Il s'appelait Hector. Il habitait à la campagne, mais il dormait dans la maison de ses maîtres. Un seul des canapés du salon lui était dévolu, il avait choisi le plus confortable. La nourriture était riche et abondante. Ses maîtres lui grattaient le ventre plusieurs fois par jour. Dans le jardin, les enfants de la maison lui lançaient des balles de tennis qu'il déchiquetait avec entrain. Hector n'était pas un chien de garde au sens strict du terme, il n'aboyait que sur les chats, les écureuils et le facteur, cependant son poitrail de lion, sa mâchoire de crocodile et son regard de petit pois étaient franchement dissuasifs. Il tenait ces attributs guerriers d'une longue lignée de croisement divers entre chiens de berger qui pouvaient l'apparenter, pour la couleur noire du pelage, au grœnendael. Il n'aurait pas fait de mal à une mouche.

Le jour où la camionnette blanche de Lucky s'était garée dans la cour, la maison était vide, Hector se prélassait sur le perron de schiste rouge, se laissant lécher par les rayons du soleil. Les derniers instants d'une autre vie.

Pourquoi était-il monté dans la fourgonnette blanche ? Parce que celui qui n'était pas encore son maître l'avait attiré avec un savoureux bifteck haché presque décongelé. Les portes de la fourgonnette s'étaient refermées sur lui pendant qu'il se bâfrait. Sa vie avait basculé aussi simplement que ça. De la paix à la guerre. Mais Gun ne regrettait pas Hector. Les chiens n'ont ni regrets, ni remords, ni nostalgie. Les chiens n'ont pas de souvenirs, seulement de la mémoire. Ils reconnaissent ceux qui les nourrissent, ceux qui les caressent et ceux qui les frappent.

Au début, Lucky l'avait seulement frappé. Hector ne comprenait pas qu'il s'appelait désormais Gun et qu'il avait un nouveau maître, il aboyait et grognait. Puis il avait appris la leçon à coups de ceinture à clous.

Et après ?

Après, c'est maintenant. Tous les jours, les mêmes jours. Les chiens n'ont pas de montre, Gun ne s'intéresse pas au temps qui passe. Il prend des habitudes. Le jeûne et l'obscurité qui aiguisent son agressivité, l'odeur de poussière, le voyage brinquebalant dans la fourgonnette blanche, l'odeur de l'huile et des tabacs, le sable élastique de la plage sous les pattes, la pleine lune, l'odeur des autres chiens, le collier étrangleur et la muselière, l'odeur du cuir et du sang séché. Les hommes qui crient et les chiens qui aboient.

Gun a pris des habitudes. Il reconnaît les lieux, les voix, les odeurs. Il n'a pas peur. Il est en terrain de connaissance. Il parvient même à distinguer l'odeur d'agneau cru, dans le sac de son maître. C'est un os de gigot, de larges lambeaux de viande y sont encore accrochés. Il est destiné à Gun, mais seulement quand tout sera fini. Gun le sait. Il connaît sa récompense.

Lucky descend avec Gun dans l'ancienne cuve à mazout du caboteur échoué. Un projecteur éclaire l'arène de fortune. Les parieurs haranguent les futurs combattants.

Lucky coince Gun entre ses cuisses et fait sauter la muselière. À l'autre extrémité, face à eux, l'adversaire grogne déjà. Lucky assure ses deux mains sous la mâchoire de Gun avant de l'emmener au centre de l'arène pour la présentation.

Démuselées, les truffes des deux champions se reniflent frénétiquement à quelques centimètres de distance. Leurs maîtres peinent à les retenir. Leurs mains sont luisantes de salive. L'organisateur des paris lève un bras. Les adversaires sont ramenés dans leurs coins respectifs. Quand le bras de l'organisateur se baissera, les deux chiens seront lâchés l'un contre l'autre.

À quoi pense Gun à l'instant de s'élancer ?

Seulement à égorger son rival avant que celui-ci ne le fasse. Rien de plus, rien de moins. Un vainqueur, un vaincu. C'est la seule pensée qui peut traverser son esprit. C'est une question de survie. Gun n'est ni méchant ni cruel, il doit obéir à la loi de ses maîtres. Et il a compris qu'il devait être le vainqueur.

Le bras ne s'est pas encore baissé, Lucky ne l'a pas encore libéré, mais Gun sait déjà ce qu'il va faire. C'est un pit-bull en face. Gun les connaît. Il ne faut pas les laisser prendre prise, Gun l'a appris, il a déjà failli perdre une épaule avec un pit. Celui-là, il faut le prendre au cou, le premier, par au-dessus. Gun, dont les mensurations ne répondent à aucun standard, est avantagé par un cou plus long, plus mobile, plus rapide. Mais le pit est rapide aussi. Il faut tenter de gagner un poil d'avance au moment du saut d'attaque. Gun peut compter sur une plus longue allonge.

Quand le bras se baisse, Gun est surpris par la détente de son adversaire, mais celui-ci ne profite pas de son avantage, leurs crocs s'entrechoquent, leurs griffes s'égratignent, c'est la mêlée sous les cris des parieurs. Des touffes de poil et des gouttes de sang volent dans la lumière. Les deux chiens s'affrontent sans parvenir à s'accrocher. Le pit-bull rate une belle occasion d'arracher l'épaule gauche de Gun qui esquive, prend une impulsion, se dresse un instant au-dessus de son adversaire avant de plonger, gueule ouverte, sur sa nuque.

Jusqu'à la fin, il n'est plus question de desserrer. Jusqu'au moment où son maître lui caresse la tête. C'est la seule caresse dans cette vie.

Le pit-bull agonise. Il essaye d'aboyer, il hoquette. Gun le renifle une dernière fois. Il n'éprouve aucune haine. Les chiens ne connaissent que l'amour.

2

– Assis !

Le beauceron auquel s'adresse l'ordre obtempère sur-le-champ. Une main gantée d'une mitaine rouge électrique maintient fermement le bout de la laisse. Le chien de berger se tient droit sur ses appuis. Saïda, sa maîtresse, lui ordonne d'un ton sec :

– Couché !

Le chien s'exécute et pose sa gueule sur la Doc Martens rouge et noir de sa conductrice. Celle-ci dégage discrètement son pied.

– Assis, stop !

La longue silhouette de Saïda s'éloigne du chien, sans se retourner. La jeune fille au teint mat a les cheveux mi-longs, châtain et rouge sang sur les pointes, un piercing dans la narine gauche. Elle porte un pantalon pattes d'éléphant noir, un tee-shirt bariolé. Le chien observe Saïda s'éloigner, c'est un crève-cœur pour lui. Son regard est fixe et tous ses muscles sont bandés, ses oreilles étirées, son regard concentré sur sa maîtresse. Prêt à bondir.

Saïda parcourt dix mètres et stoppe. Elle se retourne. Le beauceron amorce un mouvement ; la tête légèrement baissée et la patte gauche avancée d'un centimètre.

– Loo-Ping ! Stop ! hurle Saïda, une pointe d'énervement dans le ton.

Loo-Ping s'apprête, sans conviction, à se coucher.

– Assis, stop ! relance la jeune maîtresse d'un ton sûr et neutre.

Le chien prend enfin la pose demandée.

Saïda s'accroupit, puis s'assied dans l'herbe boueuse. Quelques secondes plus tard, une éternité pour Loo-Ping, elle se relève.

– Loo-Ping, viens !

Le chien se précipite aux pieds de sa maîtresse et se couche sur le dos, pattes écartées. Saïda, gênée, regarde son chien avec tendresse, mais lui ordonne de s'asseoir.

– C'est bien, lui dit-elle d'une voix douce en lui caressant le dos.

Elle accroche le mousqueton à la boucle du collier Le chien à sa gauche, elle lance l'ordre de départ :

– Loo-Ping, au pied !

Le chien suit la marche de sa conductrice sans dépasser le genou de celle-ci d'une tête. C'est la règle : un chien bien éduqué ne marche pas devant son maître.

Saïda marque un arrêt.

– Assis !

L'ordre effectué, ils reprennent leur marche vers une palissade bordant le terrain d'entraînement où les attendent trois bipèdes, dont deux avec un chien à leurs pieds. Ceux-là, comme Saïda, font partie des nouveaux élèves de l'établissement. Jennifer est de taille moyenne, les cheveux bruns longs et frisés, vêtements sortis d'un surplus militaire. Son malinois, Jim, mastique un lacet de ses baskets. Sébastien, grand brun aux yeux verts, porte un jean et un Teddy rouge. Son doberman se nomme Spit.

Saïda s'avance vers le regard le plus critique, celui de Virginie Tromeur, maître-chien au sein de l'internat professionnel canin de Kernéant. Blonde au teint pâle, elle est sobrement vêtue d'un jogging sans marque. Elle démarre la rentrée en prenant par petits groupes les nouveaux élèves et leur fait exécuter un parcours avec une démonstration du travail d'obéissance de base.

Elle attend, mains croisées dans le dos, que sa jeune élève s'approche d'elle.

– Alors, Saïda, as-tu des commentaires sur ton travail ? demande Virginie Tromeur d'un ton neutre.

Saïda ne craint pas les remarques, mais préfère pratiquer l'autocritique.

– Il devait pas bouger lorsque je me suis retournée et pas se coucher quand je lui ordonnais de s'asseoir.

– O.K. Autre chose ? enchaîne-t-elle.

– Il s'est vautré sur le dos ! intervient Jennifer en gloussant.

– Tu parles quand je te le demande, rétorque le maître chien sans agressivité.

– Le tien t'a mordu le bras ! Chacun ses jeux... balance Saïda avec assurance.

– Un nouvel environnement avec de nouvelles personnes peuvent effectivement troubler ton chien, mais, toi, tu ne dois pas être déstabilisée, cela s'est senti dans ta voix. Qu'elle soit hésitante, agressive ou coléreuse, elle déconcerte ton chien qui ne sait plus quoi faire. Tu dois le conduire et le maîtriser avec un ton ferme et neutre en toutes circonstances, O.K. ?

Saïda acquiesce d'un signe de tête.

– Alors, ce chien, tu peux nous en parler ? interroge Virginie Tromeur.

– Il est croisé, mère berger de Beauce, père berger allemand. Les caractéristiques étant données à plus de soixante pour cent par la mère, je m'attarderai sur cette race... D'autant plus que je connais très bien la mère : Light. Elle vit au deuxième étage de mon immeuble et sa propriétaire me la confiait lorsque j'étais petite. Les deux appartiennent au groupe 1, chien de berger de bouvier. Il est aussi appelé «beauceron», depuis sa première exposition à Paris en 1863, et «bas-rouge», car le type le plus répandu a des taches rouge acajou aux extrémités des membres. C'est une race de chiens courageux et dont l'agressivité a été tempérée par la sélection... Light est inscrite au *L.O.F.*, le *Livre des origines françaises*. Elle a remporté des concours. Mon chien, lui, a dix-huit mois. J'ai travaillé régulièrement avec lui l'obéissance, mais j'avoue que souvent il me fait craquer, et j'ai eu tendance à ne pas le punir à chaque bêtise. Il s'appelle Loo-Ping...

Jennifer retient un éclat de rire. Saïda la fusille du regard avant de poursuivre :

– Tous les potes de ma cité sont allés voir la portée et on a tous remarqué qu'il était le seul, dès la première semaine, à faire des rotations complètes avec sa queue. Alors j'ai adopté ce nom.

Un concert de scooters couvre brutalement la fin du commentaire de Saïda. Huit roues s'arrêtent le long du terrain d'entraînement sans que soient coupés les moteurs. Les quatre optiques globuleux sont surmontés de quatre casques aux couleurs criardes. Les engins se braquent en direction des élèves. Les chiens aboient. Virginie agite son bras de gauche à droite à l'attention de la horde bruyante. Les moteurs se taisent simultanément. Et sur un «Stop» lancé dents serrées, les chiens se couchent.

– Mon fils et ses copains qui rentrent du collège, explique Virginie Tromeur.

Saïda continue de toiser les goujats qui ont écourté son exposé.

– Merci, Saïda, déclare Virginie Tromeur pour capter l'attention de sa jeune élève frustrée. Maintenant, vous accompagnez vos chiens dans leur box. Vous leur donnez leur repas, comme tous les soirs après les cours. Le nettoyage des box est obligatoire, à vous de juger quand cela sera utile. Je vérifierai chaque jour, vous êtes prévenus... Rendez-vous au réfectoire dans une heure pour préparer la fête de bienvenue. Vous y rencontrerez les autres élèves du collège et participerez à la décoration de la salle. À tout à l'heure !

Les chevaux de feu se remettent à hurler. Saïda se retourne et les suit du regard. Trois des scooters font demi-tour, le dernier contourne le collège et réapparaît le long du réfectoire pour finir sa course devant une petite maison à l'écart des autres bâtiments : c'est le fils Tromeur.

Les chiens sont enfermés dans leur box. Les jeunes élèves se retrouvent dans le bâtiment en parpaing jouxtant le chenil. L'intérieur est une caverne d'Ali Baba spécial chien : des sacs de croquettes, de légumes déshydratés, des brosses, des seaux, des balais-brosses, des boudins de tissus, des muselières, des tubes pour le saut et des costumes de défense.

– Tu veux que je remplisse ta gamelle, propose Sébastien à Saïda.

– Hé ! Elle est pas manchote, s'interpose Jennifer.

– Ça va, c'est bon, se contente de dire Saïda, neutre à l'égard de Sébastien.

Celui-ci s'infligerait bien un coup de poing dans le ventre. Il réalise que sa politesse est prise pour de la maladresse.

– Salut !

Dans l'encadrement de la porte se dresse un grand jeune homme, casque en main.

– Salut... répondent les trois élèves en sortant avec leur gamelle.

Saïda et Jennifer le détaillent de la tête au pied, Sébastien lui serre la main.

– Je suis...

– Le petit coq de madame Tromeur, on sait, lance Jennifer en gloussant.

– Je préfère qu'on m'appelle Mathieu, rigole le jeune homme aucunement vexé. Ce soir, c'est moi qui assure la zique. J'espère que tu bouges tes pieds aussi vite que ta langue, miss vaneuse...

Cela dit, il s'éloigne, les épaules tombantes et les pieds traînants, sous le regard critique de Jennifer.

– Il a de beaux yeux gris-bleu et un joli p'tit cul, remarque-t-elle en adressant un clin d'œil à Saïda.

Sébastien intercepte l'échange complice et se mord la lèvre.

3

La centaine d'élèves de Kernéant est réunie devant le réfectoire. Jennifer cherche Saïda dans la foule. Elle l'aperçoit de dos, tire sa compagne par la manche et fend la marée humaine.

– Saïda, je suis là ! braille-t-elle en brassant l'air avec ses bras. J'ai une bonne nouvelle : on est dans la même chambre !

– J'espère qu'ils vont me fournir des boules Quiès ou une batte de base-ball, s'inquiète Saïda.

– J'ai du coton, répond Jennifer avec dérision.

Soudain, une main se pose sur l'épaule de Saïda. Elle se retourne brutalement, sur la défensive. C'est Sébastien. Au regard noir de Saïda, le garçon regrette son geste familier.

– Je cherchais l'entrée du réfectoire, ânonne-t-il.

– Menteur, ça fait un quart d'heure que tu cherches Saïda, je te voyais de loin, lance Jennifer.

– Ferme-là ! T'es relou grave, dit fermement Saïda.

Jennifer n'écoute déjà plus. Elle fait de grands gestes à une petite blonde coiffée en tresses.

– C'est Solenn ! On était en primaire ensemble ! précise-t-elle joyeusement.

Sébastien se penche sur Solenn, et ses jolies tresses blondes, pour l'embrasser. Celle-ci apprécie, les joues rosées et le sourire béat.

Saïda avait pris Sébastien pour un romantique maladroit, elle remarque qu'il serait plutôt dans le genre séducteur semi-professionnel, catégorie mi-lourd.

Dans le réfectoire, les élèves sont regroupés par professeur principal. Virginie Tromeur fait signe à ses retardataires de se placer à ses côtés. Dans le brouhaha, la bande s'exécute. Le bruit s'estompe pendant que le directeur vient se placer au centre de l'arène. L'homme arbore une cravate constellée de Marsupilamis. Elle fait partie d'une panoplie censée adoucir son nom de famille : Poignard.

Pas une mouche ne se permet de voler.

– Je vous souhaite la bienvenue...

Une bombe sonore l'interrompt aussitôt. Une cruche d'eau explosant sur le carrelage. Jennifer voulait juste s'installer à une table et n'a pas remarqué la proximité du récipient en verre.

Monsieur Poignard se déplace de quelques centimètres pour apercevoir le visage de la terroriste et foudroie celle-ci du regard.

– Bref, nous allons vivre une année ensemble, cette fête a pour but que vous fassiez connaissance entre vous, toutes classes et tous niveaux confondus, les échanges sont toujours fructueux dans une communauté. Mais c'est aussi l'occasion de manger, de rire, et même de danser. Malheureusement une vieille fracture de la cheville m'interdit tout rock endiablé...

– Il n'a surtout aucun sens du rythme, précise Virginie Tromeur à ses élèves.

– ... Extinction des feux à une heure, et l'alcool est interdit. À vous la déco !

Monsieur Poignard effectue un demi-tour et s'éclipse. Immédiatement, le brouhaha envahit le réfectoire. Virginie Tromeur doit hurler pour se faire entendre :

– Toutes ces tables bien alignées ! Vous les empilez contre le mur du fond, jusqu'à l'estrade que vous laissez accessible.

Saïda soulève la dernière table en inspirant bruyamment pour l'empiler sur les autres, à quelques centimètres de l'estrade.

– Laisse tomber, je la prends.

Saïda effectue un demi-tour, Mathieu est devant elle, casquette blanche avec une virgule noire sur la visière. Il est chargé de deux platines qu'il pose sur l'estrade, puis il soulage Saïda de la table.

– Et le son, tu le poses où ? demande la jeune fille.

– Là, là, là et là, répond Mathieu en indiquant à Saïda l'emplacement des enceintes aux quatre coins du réfectoire.

Une grande blonde aux décolleté dentelle et pinces rose Barbie dans les cheveux s'interpose :

– Salut Mat, je pourrais te passer quelques CD ?

– Avec plaisir, princesse !

Il lui fait un clin d'œil, elle lui envoie un baiser volant. Il saute pour attraper ce dernier. La princesse sourit et disparaît.

Saïda s'assombrit, titillée par un sentiment de jalousie incompréhensible. Certes, elle trouve Mathieu joli garçon, mais elle ne le connaît pas. Est-elle en présence d'un charmeur ou d'un « endormeur » ?

– Si tu veux que je passe un morceau en particulier, demande-moi ; à part l'accordéon, je suis *open* ! lui propose gentiment Mathieu.

– Merci, répond simplement Saïda.

– Au lieu de brasser le DJ, viens, on va se déguiser ! intervient Jennifer en trouble fête.

– Tu peux arrêter de faire du bruit avec ta bouche ? la rembarre Saïda agacée.

– On parlait zique, mademoiselle Curieuse ! lance Mathieu en la menaçant d'une fessée.

– Ouais ! Essaie de me flanquer une fessée ! s'écrie d'une voix aiguë Jennifer.

Elle empoigne Saïda et l'entraîne vers la sortie en poussant de petits cris de douleur.

– Tu es vraiment une dinde, lui chuchote Saïda à l'oreille.

Sur le pas de la porte, Saïda se retourne fugacement. La paire d'yeux gris-bleu est braquée sur elle, un sourire discret l'accompagne.

Sous le préau, les deux complices croisent « la princesse » et ses copines.

– Ce Mat, il est trop chou ! Dommage qu'il soit trop jeune pour moi, caquette la grande blonde.

La basse-cour acquiesce.

Les murs de la chambre sont orange saumoné, les meubles en pin verni ; deux lits jumeaux, deux tables de nuit, deux lampes de chevet, deux bureaux à tiroirs dont un avec ghetto blaster sur le plateau, deux chaises, un double placard.

Les deux filles sont plantées devant l'unique glace.

– Jupe ou pantalon ? demande Saïda au miroir.

– Je porte pas de jupe, répond Jennifer.

– Jupe moulante, décolleté et bottes pour moi. Pantalon, string et nombril apparents pour toi, décide Saïda.

– J'ai pas de tee-shirt court, je cache toujours mon gros cul avec des longs...

– Tu délires ?

– Non, compare le tien et le mien.

– Le bouffon qui t'a filé ce complexe, oublie-le, et observe le regard de ceux qui savent apprécier les belles formes ! argumente Saïda. Tiens, essaie ça.

Elle lance à Jennifer un de ses tee-shirt.

– Mais je rentrerai jamais là-dedans !

– Mais si ! Tes seins sont plus petits que les miens, et c'est du Lycra, ça épouse les courbes.

La jeune fille danse en soutien-gorge et collant à damier rouge et noir. Puis elle enfile une longue jupe moulante, fendue jusqu'aux genoux, et un tee-shirt zippé à capuche.

Jennifer a testé le pantalon kaki, mais elle essaie le jean.

– Je me sens mieux comme ça.

– Yes ! C'est pas mal, mais t'as pas un string jaune ?

– Non.

– Tiens, prends celui-là. Ça va serrer un peu, mais le principal est que tu le fasses dépasser.

Saïda ajuste le zip de son tee-shirt devant la glace, elle le remonte légèrement.

Jennifer la rejoint devant le miroir.

Les deux nouvelles colocataires esquissent quelques pas de danse face à leur reflet. Jennifer remonte exagérément son string jusqu'au milieu du dos, pendant que Saïda descend son zip jusqu'au sternum. Elles s'esclaffent bruyamment.

– Maintenant, maquillage et accessoires, annonce Saïda en ouvrant les deux tiroirs de son bureau.

Jennifer se penche et découvre des flacons de vernis multicolores, du khôl, des chouchous, des mitaines, des boucles d'oreilles, des barrettes, des pinces, des foulards...

– Où tu vas mettre tes cours ? l'interroge Jennifer.

– Par terre, pourquoi ?

Saïda dessine un trait noir épais sur ses paupières inférieures et une larme en son milieu, accroche deux boucles à son oreille gauche – une tête de mort et une clef à molette – et une seule à son oreille droite – une chauve-souris fluorescente. Elle choisit un vernis noir pailleté de rouge et en sort un second.

– Tu veux du vernis jaune ?

– Je me maquille jamais et le vernis, je sais pas l'étaler.

– Je vais te le poser, mais tu dois rien faire pendant vingt minutes.

– Même pas danser ?

– Si, bien sûr, c'est même conseillé pour le séchage !

4

Saïda traverse la salle pour atteindre les boissons disposées à l'opposé du buffet. La majorité des élèves s'est installée par terre, en tailleur. Quelques-uns ont pris des chaises en guise de table. D'autres mangent debout, certains avec dextérité, mais la plupart avec gaucherie. Saïda attrape quelques bouteilles et des gobelets en plastique avant d'aller déposer son butin au milieu du cercle formé par ses camarades. Jennifer apparaît chargée de deux pyramides de nourriture.

– T'attends quelqu'un ? demande Saïda.

– Non, mais dans dix minutes il n'y aura plus rien ! se justifie Jennifer avec l'angoisse de la morfale.

Devant les sourires moqueurs de ses camarades, elle hausse les épaules et enfourne une grosse poignée de chips graisseuses.

Sébastien se tourne vers Solenn.

– T'as quoi comme chien ?

– J'ai une shetland, Princesse, répond Solenn avec orgueil. Elle est très intelligente !

– L'intelligence canine est essentiellement une aptitude à recevoir une éducation, remarque doctement Saïda. On ne peut pas demander à un chien de faire des choses pour lesquelles il n'est pas programmé, même si certains font preuve d'initiative...

– Vous connaissez l'histoire d'un whippet, le *best* du chien de course ? demande Sébastien avec l'air gourmand du conteur. C'était un champion qui avait gagné en course quarante-deux victoires consécutives. Avec des résultats comme ça, il avait pris l'habitude que les gens applaudissent quand il franchissait la ligne d'arrivée et instinctivement, sans qu'on le dirige, il montait sur le podium. Mais, un jour, c'était pour un championnat d'Europe qui marquait sa quarante-troisième course, le chien a glissé et est tombé à cinquante mètres de l'arrivée. Eh bien, il ne s'est pas dirigé vers le podium comme il en avait l'habitude. Il s'est relevé, piteux, la queue entre les jambes, et il a rejoint sa maîtresse qui se trouvait à une centaine de mètres du podium. Le whippet avait compris qu'il avait perdu la course et prouvait ainsi son intelligence.

– Et vous connaissez l'histoire du boxer qui vivait dans une maison en construction ? intervient Jennifer.

Il était habitué aux deux ouvriers, qui le caressaient et jouaient avec lui. Ces hommes effectuaient des travaux depuis deux mois, quand, un dimanche à l'aube, le maître a entendu son chien aboyer et gronder dans le garage, ce qui n'était pas son habitude. Intrigué, il a fini par sortir de son lit et il est descendu voir ce qui se passait. Il a trouvé les deux ouvriers collés le dos au mur, tremblant de peur devant le boxer qui les tenait en respect. Aux pieds des ouvriers, il y avait des bouteilles de vin. Ils étaient venus faire main basse sur la cave, sans se soucier de la réaction du boxer qu'ils connaissaient. Ils avaient pris le chien pour un imbécile. Mais ce dernier avait perçu le comportement des hommes par leur attitude fugitive, leurs messes basses. Il avait compris qu'il se passait quelque chose d'anormal.

– Donc les chiens peuvent être, d'une certaine manière, intelligents, c'est ce que je disais ! conclut Solenn fièrement.

Elle échange un regard langoureux avec Sébastien, intercepté par Saïda qui sert du cola dans le verre de l'élue.

– Spit, mon doberman, est sacrément malin ; il me sent à plus de deux cents mètres quand je rentre des cours, relance Sébastien.

– Ça n'a rien à voir, postillonne Jennifer, c'est pas de l'intelligence : les chiens ont une ouïe et un odorat dix à vingt fois plus développés que nous !

– C'est aussi grâce à leurs sens que les chiens ont beaucoup de mémoire, ajoute Solenn. Cette grande capacité auditive leur permet sans problème de faire la différence entre les bruits de moteur de deux voitures de la même marque.

Cette fois, plus personne ne reprend la parole ; les bouches sont trop pleines

Saïda jette un œil en direction de l'estrade. Personne. Une compilation défile en fond sonore. La bande dévore en silence. Les regards se croisent entre deux bouchées : Sébastien-Saïda, Sébastien-Solenn. Jennifer, cuisse de poulet à la main, observe les entrées et sorties des toilettes. Elle donne des notes :

– Trois sur vingt, gros cul !

Solenn lève les yeux au ciel.

Saïda se contorsionne pour élargir son champ de vision. Puis elle le voit enfin, assis avec un groupe, le long de la baie vitrée : Mathieu déchiquette un morceau de pain avec les dents.

– Tu cherches quelqu'un ? demande Jennifer d'un ton espiègle.

Saïda hausse les épaules.

– Dis-moi, tu veux faire quoi, toi, après l'internat ?

– Éleveuse. Et toi ?

– Maître-chien dans l'armée, répond Jennifer fièrement.

– Pourquoi pas chez les keufs ?! s'exclame Saïda d'un air horrifié.

– Non, parce que je suis d'une famille de militaires, et j'aime ça.

–Je suis antimilitariste, alors on évite le sujet.

–Moi, je veux être assistante vétérinaire, déclare Solenn d'une voix pointue.

–Pas de risque de pourrir ta garde-robe, commente Saïda.

Solenn détourne son regard vers Sébastien.

–Et toi ?

–Vendeur en animalerie.

–Endormeur professionnel, donc ! résume Saïda.

–Technicien commercial, rétorque Sébastien vexé.

Mathieu passe devant le groupe, sourit à Saïda et s'installe derrière ses platines. Aussitôt la musique est plus forte. Mathieu plonge dans ses bacs à disques.

« Ah !

Famille nombreuse

Famille heureuse

Quand on est frère et sœur ! »

hurlent les enceintes.

Les élèves envahissent instantanément le milieu du réfectoire, rejoints par quelques professeurs, et dansent frénétiquement.

–On va danser ? demande Solenn à la cantonade.

Sébastien se lève et interroge du regard Saïda et Jennifer.

–Je digère... déclare Jennifer en plongeant une grosse cuillère à soupe dans un petit ramequin de salade de fruits.

– Et moi, je tiens le sac pour la gerbe, poursuit Saïda provocatrice.

Solenn grimace de dégoût. Elle entraîne Sébastien.

La bande se lance sur la piste. Sébastien fait face à Solenn.

– Il trémousse bien son joli cul, ce Séb'... commente Jennifer.

« Je veux quitter le monde des fous pour de bon
Je veux vivre dans la nature loin de la pollution »

Saïda approuve l'enchaînement musical et plante son regard dans celui de Mathieu. Il attendait une réaction, il tente un clin d'œil. Saïda lui répond par un gracieux sourire.

– Pas le fils d'une prof ?! s'insurge Jennifer qui a remarqué l'échange de regards.

– Je ne demande jamais la profession des parents de mes princes charmants.

– Tu veux que j'aille lui demander un disque ? propose Jennifer.

– Surtout pas, tu ne pourras pas t'empêcher de demander de la guimauve en boîte. J'y vais moi-même...

– Et je fais quoi, moi ?

– Tends une assiette ! Dame pipi, ça peut rapporter gros, dit Saïda en s'éloignant d'un pas décidé.

Mathieu ne la voit pas venir, il est plongé dans un bac à disques. Quand il la remarque au pied de l'estrade, son sourire s'élargit.

– Grimpe ! et choisis un disque dans les bacs.

Mais Saïda est devancée par « la princesse ».

– Mat', tu pourras me passer *Déteste-moi* ? demande-t-elle.

– Avec plaisir ! répond Mathieu en lançant un regard complice à Saïda.

Celle-ci monte sur l'estrade.

– Dans ce bac, la moitié est à ma mère, l'autre à moi. Et celui-ci ne contient que mes skeuds.

Saïda inspecte le premier bac.

– Elle écoute du bon son, ta mère, dit Saïda surprise.

– Ouais, c'est une curieuse de musique.

– Même du rap ! se réjouit Saïda.

Elle choisit un disque et le tend au DJ.

– Tu fais quoi demain après-midi ? glisse Mathieu à l'oreille de Saïda.

– Quartier libre, je vais visiter le coin avec mon chien. Tu viendrais avec le tien ? se lance Saïda.

– Tu sais, moi, les clebs, c'est pas trop mon truc... Mais je connais des petits coins sympa par ici...

– Tu viens danser ? intervient soudainement Jennifer.

Elle tire Saïda vers la piste.

– C'est cool comme musique ! braille Jennifer en se trémoussant.

« Bienvenue à l'hôtel commissariat
Y'a toujours d'la place
Y'a toutes sortes de races... »

Saïda lève les bras vers le plafond. Vivement demain après-midi !

5

Sur le terrain d'entraînement, Virginie Tromeur conduit son majestueux rottweiller, Enjoy, sur le parcours d'Agility. Saïda et ses camarades sont appuyés sur les barrières blanches qui délimitent le terrain. Ils observent attentivement la fin de la démonstration. Loo-Ping est le seul chien d'élève présent. Saïda attache sa laisse et enfile la boucle de cuir autour de sa cheville.

Le chien gémit, s'assied, se lève, remue la queue frénétiquement, regarde simultanément Enjoy et sa maîtresse. Il se demande pourquoi Saïda ne le fait pas jouer comme son congénère. Enjoy franchit le dernier obstacle, le pneu suspendu. Loo-Ping, n'en pouvant plus, se lance à l'intérieur du terrain, entraînant sa maîtresse dans un vol plané arrière.

– Loo-Ping, stop ! hurle Saïda plaquée de tout son long dans l'herbe humide.

Le beauceron s'arrête immédiatement, se retourne vers sa maîtresse et vient s'excuser en lui léchant abondamment le visage. Sa langue dans les oreilles chatouille Saïda.

– Arrête, Loo-Ping, dit-elle en riant.

Devant sa bonne humeur, le berger se place au-dessus de sa maîtresse et lui mordille le lobe.

– Qui va gagner ? se moque Jennifer.

Saïda parvient à se relever en poussant le chien des deux mains.

– Assis, stop !

L'ordre est sans appel. Loo-Ping s'assied malgré un grognement de désapprobation.

– Tu te crois où ?

Le professeur s'adresse à Saïda sur un ton de reproche sec. La jeune élève baisse légèrement la tête, Loo-Ping rabat ses oreilles en arrière.

– Sans le b.a.-ba de l'obéissance qui, je te rappelle, est : l'assis, le couché, le debout, au pied et l'arrêt immédiat, il te sera difficile d'exercer un sport canin. Je ne veux plus voir ce genre de comportement, c'est clair ?

– Oui, madame, répond piteusement Saïda.

– Avant de commencer ton exercice, peux-tu me donner des exemples de différents sports canins ? demande Virginie Tromeur à son élève.

Saïda se tient droite, maintenant fermement la laisse de Loo-Ping.

– Je suis allée voir un concours de Ring. Soixante-dix pour cent des points sont obtenus sur le mordant. Le plus important est la maîtrise du mordant, et surtout l'arrêt. On envoie le chien sur l'homme d'attaque en costume et, à un mètre de lui, on le rappelle. Il existe aussi le Pistage utilitaire pour retrouver des objets, des personnes, des substances illicites. On entraîne les chiens avec une « poupée » à rechercher, ça peut être une balle, un objet fétiche, un chiffon.

– Bonne culture générale ! commente Virginie Tromeur épatée. Tu as choisi l'Agility pour quelle raison ?

– Parce que c'est un sport basé exclusivement sur le jeu, où l'on cherche une grande complicité entre le maître et son chien, l'objectif étant de franchir des obstacles dans un temps donné. Et, surtout, on peut pratiquer l'Agility avec tous les chiens, qu'ils soient de race ou pas.

– Parfait pour la théorie ! Passons à la pratique, décide le professeur.

Virginie Tromeur précède ses deux apprentis vers le premier obstacle. Loo-Ping saute d'excitation sur ses deux pattes arrière. Saïda essaie de l'en empêcher en tirant sèchement sur la laisse, sans un mot. Le professeur se retourne.

– Tu attends quoi pour le maîtriser ? reproche-t-elle à son élève.

– Au pied ! ordonne Saïda fermement.

Le chien se calme et reprend sa marche jusqu'aux barres de saut. La première barre est fixée à une hauteur de trente centimètres.

– Tu me donnes la laisse et tu te mets derrière les barres. C'est à toi d'inciter ton chien à sauter. As-tu une poupée pour l'attirer et le récompenser ?

Saïda sort de la poche de son pantalon baggy une balle de tennis râpée.

– Saute, mon chien ! ordonne-t-elle.

Loo-Ping se met debout, avance une patte, regarde Virginie Tromeur avec méfiance, et se rassied.

– Montre-lui la balle, exige le maître-chien. Motive-le !

– Viens, Loo-Ping, viens, mon chien, répète Saïda en agitant la balle.

– On y va ! l'encourage Virginie Tromeur avec enthousiasme.

Loo-Ping se lance et passe l'obstacle sans difficulté.

– Récompense-le, conseille Virginie Tromeur.

– C'est bien, mon bébé, se lâche Saïda en donnant la balle à Loo-Ping. C'est bien, mon chien, se reprend-t-elle jetant un œil inquiet vers son professeur.

Saïda redoute une réflexion.

– Tu l'appelles comme tu veux, la rassure Virginie Tromeur, pour peu que ton anthropomorphisme s'arrête là !

– Je l'ai déjà entraîné aux sauts, en bas de mon immeuble, dit Saïda fièrement.

– Peut-être, mais ici, on effectue toujours un

deuxième passage pour confirmer que l'exercice est enregistré.

Virginie Tromeur monte la barre à cinquante centimètres. Loo-Ping se laisse diriger sans crainte par le professeur, une nouvelle copine de jeu. Il passe l'obstacle avec succès.

– O.K. ! On passe au tunnel maintenant.

Loo-Ping, oreilles au vent, fait des bonds, essaie de mordiller la basket du maître-chien.

– Stop, au pied ! ordonne-t-elle.

Loo-Ping s'exécute, mais regarde Virginie Tromeur avec un air interrogateur. « On ne joue plus ? » semble-t-il penser. Le professeur adoucit son ton :

– C'est bien !

Loo-Ping émet quelques sons de contentement.

– Et le tunnel, tu as déjà essayé ? demande le professeur.

– Non, jamais.

– Tu te places à la sortie et tu l'appelles.

Virginie Tromeur se place devant l'entrée du tunnel.

– Allez, Loo-Ping, viens ! ordonne Saïda.

Le berger, truffe à terre, renifle. Il recule d'un pas, s'assied et prend un air indifférent. Il regarde ailleurs.

Saïda fait voler la balle en l'air, la rattrape et place sa main dans le tunnel. Loo-Ping baisse la tête pour apercevoir son jouet.

– Allez, mon chien, viens chercher ta balle... répète Saïda.

Le chien avance une patte, renifle de nouveau, relève la tête pour voir sa maîtresse. Ses oreilles sont tirées en arrière, il ne comprend pas ce nouveau jeu.

– Rentre ta tête dans le tunnel, suggère Virginie Tromeur.

Immédiatement, Loo-Ping introduit la sienne. Sa maîtresse et lui se font face.

– Allez, viens, redemande Saïda.

Loo-Ping remue la queue énergiquement mais n'avance pas.

– On le pousse ? demande Saïda

– On ne force jamais, au risque de le bloquer définitivement. On ne balance pas un chien à l'eau pour qu'il nage, on lui lance un bâton près du bord et on augmente peu à peu la distance, voire on se baigne avec lui, sinon il n'aura jamais le plaisir de le faire lui même.

– On laisse tomber, alors ! dit Saïda déçue.

– Surtout pas, je vais l'accompagner dans le tunnel.

Virginie Tromeur se met à quatre pattes, entre dans le tunnel. Loo-Ping, curieux, la suit et la renifle.

– Viens ! Au pied ! lance Saïda remotivée.

Le maître-chien avance de cinquante centimètres. Le beauceron l'imite.

– C'est bien, mon chien, commente Saïda.

Virginie l'entraîne jusqu'au milieu du tunnel. Tout à coup, Loo-Ping panique. Il se redresse brusquement et essaie de faire demi-tour, collant Virginie Tromeur contre la paroi.

– Stop, Loo-Ping, couché ! dit-elle calmement.

Loo-Ping amorce la descente mais se redresse de nouveau, piétinant le maître-chien. À l'autre bout, la jeune maîtresse reste sans voix, l'air désespéré.

– Loo-Ping ! Stop ! vocifère Virginie Tromeur.

Le chien obéit. Le professeur laisse cinq secondes se passer.

– On y va, Loo-Ping ! reprend-elle. On va chercher ta balle.

Saïda agite le jouet.

Loo-Ping avance avec méfiance. Le bout du tunnel n'est plus loin, Loo-Ping accélère et se précipite vers sa maîtresse, la renversant dans l'herbe.

– Oui, c'est bien, mon bébé, bravo ! le félicite Saïda soulagée.

– On y retourne, récupère la balle ! commande Virginie Tromeur.

Loo-Ping reprend sa place au bout du tunnel. Virginie Tromeur s'accroupit à l'entrée.

– Allez, viens, mon chien, dit Saïda en agitant la balle.

Loo-Ping bouscule Virginie Tromeur et se lance sans hésiter dans le tunnel, jusqu'au bout.

– T'es un bon chien, c'est bien ! dit Saïda fièrement.

Virginie Tromeur se relève. Elle ne semble pas mécontente non plus.

– Pour un premier cours, c'est pas mal... reconnaît-elle.

Le compliment touche Saïda droit au cœur.

La sonnerie de midi retentit.

– On ne fait pas de slalom ? s'inquiète Saïda.

– Non, c'est fini pour aujourd'hui. On a toute l'année pour découvrir un parcours complet. Allez, va lui donner de l'eau fraîche, il a bien travaillé, ton chien...

Un scooter familier vient se garer le long du terrain d'entraînement.

– Bon appétit, dit Virginie Tromeur, feignant de ne pas voir son fils.

– Merci, répond Saïda gênée.

Elle se dirige vers Mathieu.

– Je te présente Loo-Ping.

– Salut, belle bête... dit Mathieu sans conviction.

– Tu connais un endroit où je pourrais le laisser courir sans laisse ?

6

La route serpente entre les champs de céréales. C'est une voie communale majoritairement fréquentée par des tracteurs, pas plus de deux ou trois par jour. Saïda et Mathieu peuvent marcher de front sur l'asphalte sans grands risques. Mathieu pousse son scooter, moteur éteint. Loo-Ping gambade sans sa laisse.

– T'aimes pas les chiens ?! s'exclame Saïda.

Elle a réagi au quart de tour en entendant Mathieu traiter Loo-Ping de « sale bête » sous le futile prétexte que ce dernier lui mordillait les mollets.

– Tant qu'ils obéissent au doigt et à l'œil, ça va, ils me gênent pas... Le tien, il y a encore du boulot...

– Il est jeune... hein, mon gros bébé ?

Saïda attrape Loo-Ping par le cou et plonge les mains dans sa fourrure pour le caresser.

– Je connais les jeunes chiens. J'ai passé ma vie avec des jeunes chiens. Ça fait des conneries tout le temps... Je suis sûr que c'est pire que d'avoir des frères et sœurs !

L'analogie fait rire Saïda.

– T'en as, toi, des frères et sœurs ? lui demande Mathieu.

– J'ai une sœur... Enfin, une demi-sœur. Mais je l'ai jamais vue... Elle vit avec mon père dans le sud.

– Tu l'as jamais vue ? s'étonne Mathieu.

– Non. Mon père non plus, je le vois plus. Depuis qu'il s'est remarié...

– Ça fait longtemps ?

Les sourcils de Saïda se froncent imperceptiblement. Les questions que pose Mathieu sont intimes et Saïda n'a pas l'habitude de se dévoiler devant autrui. Pourtant elle ne décèle pas de curiosité malsaine dans les propos du garçon. Il s'intéresse à elle, tout simplement.

– Je me souviens pas. J'étais trop petite...

– C'est ta mère qui t'a élevée, comme moi ?

À l'évocation de ce point commun entre eux, le sourire de Mathieu s'élargit.

– Non. C'est avec ma grand-mère que j'ai grandi... La mère de ma mère...

– Et tu vois ta mère de temps en temps ?

– Jamais.

Si le visage de Mathieu exprime la surprise, celui de Saïda reste serein. Elle observe Loo-Ping pousser un sprint sur le talus avant de poursuivre :

– Elle est morte.

– Merde ! Je suis désolé... Je voulais pas remuer des mauvais souvenirs.

– Non, t'inquiète pas, il n'y a pas de souvenirs, bons ou mauvais, à remuer. J'étais trop petite. Elle était malade, elle était à l'hôpital tout le temps, il paraît...

Devant l'air consterné de Mathieu, Saïda s'inquiète. Elle ne veut pas inspirer de la pitié au garçon.

– Mais bon, je te rassure, j'ai jamais été malheureuse. Ma grand-mère, c'est elle, ma mère. Le seul truc triste, c'est qu'elle vieillit plus vite que les autres mamans...

– En venant ici, c'est la première fois que tu la quittes ?

– Oui, ça me met les glandes, mais c'est elle qui a insisté. Elle voyait bien que je kiffais trop sur les chiens. Loo-Ping, c'est grâce à elle que je l'ai eu. Pourtant, les chiens, elle les préfère de la taille d'un coussin, pour les prendre sur ses genoux...

Saïda, toujours sur ses gardes, prête à griffer ou à mordre, se révèle apaisée quand elle parle de sa grand-mère.

– Elle a l'air bien cool... remarque Mathieu.

– C'est clair...

Saïda redresse le menton comme pour mieux capter les rayons du soleil.

– Et toi, tu vois ton père ?

– Pour les vacances... Il bosse en ville. Costard-cravate, tu vois le genre ? Il m'emmène une fois par an dans un pays étranger.

– Tu t'entends bien avec lui ?

– Ça va... On se parle pas trop, mais il me donne jamais d'ordres... Ouais, il est cool...

– T'as de la chance !

La remarque de Saïda est spontanée. Soudain Mathieu se sent presque honteux d'être aimé par ses deux parents.

– Je me plains pas.

– Il aime les chiens, ton père ?

– Je sais pas. Il est toujours en train de se foutre de leur gueule. Il les trouve cons... Remarque...

La phrase de Mathieu reste en suspens. Il allait dire qu'il était plutôt d'accord avec son père, mais son instinct l'a aussitôt alerté du risque de se catapulter dans une polémique stérile. Les chiens sont-ils des cons ?

– « Remarque », quoi ? relance Saïda soupçonneuse.

Mathieu n'hésite pas :

– Rien. J'allais dire une connerie...

Le rire de Saïda récompense le manque de franchise de Mathieu. Elle n'est pas dupe, mais il est rare de croiser un garçon qui baisse les armes pour éviter tout combat. En cet instant, elle aimerait l'embrasser.

Mathieu aime entendre rire Saïda. En cet instant, il aimerait l'embrasser.

7

Avec son bonnet de marin enfoncé jusque sous les oreilles, Loïk ressemble à un Schtroumpf. Au Schtroumpf grognon.

– Tout ce vert, je trouve ça flippant ! lance-t-il.

D'un geste dédaigneux, il désigne les prés qui défilent le long de la départementale. Pour exprimer sa mauvaise humeur, il a lâché le volant de la fourgonnette. Le véhicule se permet une légère embardée. D'une main, Loïk corrige aussitôt la trajectoire ; Lucky, son passager, n'a pas eu le temps d'avoir peur. Les yeux cachés derrière une paire de lunettes noires, les deux pieds posés sur le tableau de bord, les mains croisées sur le ventre, Lucky semble somnoler.

– Hé, Lucky ! ça te fait pas flipper, toi, toute cette salade ? relance Loïk.

Lucky s'extirpe de son silence :

– On dit que c'est bon pour les nerfs, la campagne, que ça repose...

– C'est pour moi que tu dis ça ? s'offusque aussitôt Loïk.

– Nan... C'est pour moi.

– T'as besoin de repos ?

– Des fois, j'aurais besoin de calme, de silence...

– C'est pour moi que tu dis ça ? s'insurge aussitôt Loïk.

Lucky ne relève pas.

– Tu sais, Loïk, des fois, la nuit, dans mes rêves, je continue de les entendre aboyer...

– Tu rêves pas ! s'esclaffe Loïk. C'est juste un de tes clebs qui hurle pendant ton sommeil !

– Ouais, ben des fois, j'aimerais bien qu'ils la ferment... Définitivement !

– Ouh là ! Qu'est-ce que tu nous fais là, le Lucky ? Un nervouze brèkdone ? Genre : je vais tout laisser tomber et partir faire le tour du monde ? Faut pas, mon frère ! N'oublie pas que t'es un *king*, Lucky ! T'es le meilleur dans ton business ! Et tu te remplis bien les poches, non ?

– Je suis pas né avec la cuillère en argent dans la bouche, comme disait ma grand-mère, alors j'ai décidé de me la façonner moi-même, cette cuillère, parce qu'il y a pas de raison que j'en ai pas une moi aussi. Mais bon, tu vois, mon petit Loïk, si j'étais pas obligé de me battre pour survivre, eh bien, franchement, je préférerais vivre à rien foutre. Allongé au soleil, sur une petite barque, avec une ligne de pêche ficelée au gros orteil...

– Tu parles comme un vieux, Lucky...

– T'as raison... C'est peut-être d'avoir soufflé les trente bougies avant-hier, ça m'a vidé les poumons.

– Alors reprends vite ton souffle, mon vieux, parce que si tu envisages déjà de prendre ta retraite, j'aime autant te dire que tu risques de passer du temps dans la salle d'attente. Les années de prison comptent pas double pour le calcul des allocations..

Satisfait de sa sortie, Loïk ricane tout seul.

Lucky ne relève pas. Le poids de ces années passées entre quatre murs aveugles semble soudain peser doublement sur ses épaules. Pourtant ce sont elles qui ont facilité son envol. Dans son champ d'activité professionnel, un casier judiciaire bien rempli est le meilleur des curriculum vitæ. Ceux qui ont traversé le miroir imposent le respect à ceux qui n'y distinguent que leur reflet. La hiérarchie de la rue est celle du chenil. Le plus fort dirige la meute. Être le plus fort, c'est savoir impressionner, intimider. Un bon coup de gueule économise les coups de griffe.

– Des fois, je me dis que je suis dans une fuite en avant, je dois rester au top tout le temps, tu comprends ? Je peux jamais baisser la garde. Faut toujours que je sois offensif. À vouloir toujours viser plus haut, on risque de tomber encore plus bas...

– T'aurais voulu quoi comme vie ? Un petit boulot pépère avec des congés payés et des tickets de cantine ?

– Quand j'étais gamin et que je voyais mon père partir au boulot, je me souviens qu'il était pas malheureux. Il sifflotait les tubes de la radio ! Le chantier naval, pour lui, c'était un truc aussi important que nous autres, la famille. Il était fier de ses gamins et il était fier de ses soudures à l'arc... Tu vois, c'était plus simple, la vie...

– Et après ?

Lucky grimace. Il ne peut pas oublier ces moments où sa vie d'enfant a basculé. Il avait accompagné son père dans les manifestations contre la fermeture du chantier naval. Les banderoles étaient multicolores, l'air était saturé de l'odeur des saucisses grillées, les chansons succédaient aux slogans, tous entonnés par des centaines de voix ivres de colère ; il y avait souvent des gros mots, Lucky les répétait en hurlant, la bouche pleine de saucisse. Un excellent souvenir. Mais juste après, il y avait eu la fermeture des chantiers. Son père n'était plus jamais parti le matin. Il n'avait plus jamais siffloté les tubes à la mode. Un maudit souvenir.

– Après, c'est maintenant ! lâche Lucky.

– Tu sais, moi, je vais te dire, mon vieux... Si tu flippes comme ça, c'est à cause de tout ce vert autour de nous. Je te jure, c'est flippant pour des gars comme nous. Notre couleur, c'est le bleu, Lucky, faut pas l'oublier !

Dans la famille de Loïk, on a toujours été marin pêcheur, de père en fils. On dit même qu'il y aurait eu un ancêtre embarqué avec Surcouf. Loïk est le premier de sa lignée à laisser son sac à terre. Il ne veut pas aller travailler sur les bateaux-usines. Il préfère jouer aux pirates sur le plancher des vaches, même s'il exècre celles-ci et la couleur de leur nourriture.

– Et voilà, maintenant, je suis paumé... grogne Loïk en freinant. Encore un carrefour sans panneau ! Et pas une maison à l'horizon ! L'enfer ! J'aimerais pas tomber en rade ici, c'est pire que le désert ! Et la nuit, ça doit être plein de bestioles !

La fourgonnette est arrêtée au milieu du croisement. Deux petites routes de campagne qui semblent venir de nulle part pour ne mener à rien.

– Vas-y, Lucky ! On va où ? C'est toi le chef d'expédition. Moi, je suis que le barreur !

Lucky relève ses lunettes noires sur le front pour observer le soleil à travers le pare-brise.

– Chez l'éleveur, on avait déjà le soleil pleine face, plein sud. Nous, on y retourne, vers le sud. Voilà, tu suis le soleil. On est dans la bonne direction, tu vas tout droit.

– Tu te fous de moi ? Tu te prends pour Christophe Colomb ?

Lucky rechausse ses lunettes noires.

– Tu veux que je prenne une décision ? Je la prends. Et argumentée en prime. Foi de Castor junior.

– C'est quoi ça ?

– T'es trop jeune pour connaître. Roule.

D'un coup de pédale rageur, Loïk démarre.

Quelques kilomètres plus loin, la route plonge dans l'ombre de la forêt. Les feuillages des chênes rouges se rejoignent pour former une voûte. Loïk s'assombrit.

– Un tunnel de verdure ! L'enfer, je vais étouffer, je sens ça, faut vite qu'on sorte d'ici, t'es vraiment certain que c'est la bonne direction ?

Lucky préfère ne pas répondre.

– Ah ! Un panneau ! se réjouit Loïk.

Il freine pour mieux lire l'inscription.

– Ker-néant... Ça te dit quelque chose ?

– Oui...

– Tu te fous de moi ?

– Cesse de mettre tout le temps ma parole en doute. Je vais finir par oublier que tu es mon ami. Je te dis que je connais. Il y a longtemps, j'y ai choppé un bon *fighter* dans une cour de ferme... Barberousse, je l'avais rebaptisé. T'as pas connu. T'es trop jeune.

Au détour d'un virage, la forêt s'arrête brusquement au pied d'une rivière.

– Enfin... souffle Loïk.

De l'autre côté du pont, la route serpente entre des champs de blé en herbe. Lucky observe leurs ondulations sous les caprices du vent. Il aime bien la campagne, Lucky. Il y passait tous ses étés, chez ses grands-parents, dans le temps. Ils avaient une ferme et un chien. Le premier chien de sa vie. Un chien vraiment méchant.

La fourgonnette fait une légère embardée pour éviter un couple d'adolescents. Lucky les regarde machinalement. Ils palabrent. Le garçon pousse un scooter. La fille tient une laisse à la main. Lucky sent aussitôt son instinct de chasseur se réveiller. Son regard balaie les alentours.

Un chien noir et fauve gambade sur le bas-côté de la route, truffe au vent, insouciant.

Soudain toute trace de lassitude a disparu du visage de Lucky. Derrière ses lunettes noires, ses yeux brillent de convoitise.

– Ralentis... Encore... Stop ! ordonne-t-il à son chauffeur.

Loïk obtempère sans demander d'explication. Si Lucky donne des ordres, c'est qu'il n'a plus le blues du vert, pas question de contrarier ce retour à la normale. Et puis de toute façon, quand Lucky donne un ordre, on ne discute pas dans le travail, on exécute.

La fourgonnette s'arrête à la hauteur du chien.

8

Quand la fourgonnette blanche a doublé Saïda et Mathieu, ce dernier, mû par un réflexe ancestral, n'a pas pu s'empêcher d'en dévisager les occupants. Par ici, ça circule peu. Quand on entend un bruit de moteur au loin, on stoppe toute conversation, les regards convergent vers le véhicule annoncé, on le regarde passer, et il y a neuf chances sur dix pour que le conducteur soit un familier, on lève alors le bras ou on remue la casquette pour le saluer.

Il y a aussi une possibilité sur dix pour que le chauffeur se révèle inconnu, on se questionne alors sur l'identité de l'étranger: C'est pas un neveu de la mère Tardin ? Ou le nouveau boucher ? La plupart du temps, l'étranger au canton est un étranger perdu. Dans ce cas précis, il profite toujours de la présence de l'autochtone en bord de route pour demander son chemin. À Kernéant, on cultive la tradition de la fausse direction, en raison sans doute de la proximité de la Grande Forêt. La légende veut qu'on se perde dans son labyrinthe de pistes forestières et de chemins creux. On raconte aussi que les korrigans y avaient élu domicile et que les habitants de Kernéant en seraient les descendants ; on peut y voir l'explication de l'esprit facétieux qui anime ceux-ci à l'égard des étrangers à la dérive.

Le chauffeur au bonnet et son passager aux lunettes noires sont inconnus de Mathieu, et leur fourgonnette roule suffisamment lentement pour qu'ils lui semblent perdus. L'espoir de les voir s'arrêter et demander leur chemin traverse l'esprit de l'adolescent. Il pourrait ainsi maintenir la tradition locale et subjuguer Saïda par son sens de la farce.

Alors que la fourgonnette les dépasse sans freiner, la voix de Saïda ramène Mathieu à la réalité :

– Tu m'écoutes, Mathieu ?

– Oui, oui...

– Non, non. Tu ressembles à une vache qui regarde passer les tracteurs...

Pour Saïda la citadine, il est difficile de concevoir le passage d'une voiture, d'un camion ou d'une moto comme un événement spectaculaire.

–Je voulais juste voir si je les connaissais... se défend Mathieu.

–Et tu les connais ?

–Non...

–En fait, tu es plutôt comme un chien. Dès que tu entends un bruit, il faut que tu pointes ta truffe. La moindre bagnole qui passe et tu ne m'écoutes plus ! Tu es dans l'instant, comme Loo-Ping.

–Je suis pas ton chien ! ricane Mathieu.

Pas un instant il ne croit en la justesse d'une telle comparaison. Lui, un chien ? Il s'imaginerait plutôt en tigre ou en lion.

–Le mien aboie moins que toi ! lance Saïda.

Mais Mathieu n'écoute déjà plus. Les feux stop de la fourgonnette viennent de s'allumer. Elle freine. Mathieu jubile ; finalement ces inconnus sont réellement perdus et ils vont lui demander leur route.

–Tu vois, ils sont perdus. Ils vont faire marche arrière, ils vont nous demander des renseignements pour aller je sais pas où, et t'écouteras bien ce que je vais leur dire...

Lucky est passé dans le fourgon. Il fait coulisser avec précaution la porte latérale arrière. Il ne veut pas faire de bruit inutile ; pas question d'effrayer le magnifique animal qui l'observe du talus, les oreilles dressées.

9

Loo-Ping n'a peur d'aucune machine autotractée, mais il a appris à s'en méfier. Un jour, quand il vivait en ville, il était parti se promener avec une voisine de palier, une toute jeune chienne, Lolette, une épagneule. C'était leur première sortie sans collier. Personne ne les avait vus s'échapper. Ils s'étaient poursuivis dans les escaliers de l'immeuble, sur les parkings de la cité, jusqu'au carrefour avec la nationale.

Ils avaient traversé sans regarder, sans prendre garde aux voitures environnantes. Aux yeux des deux jeunes chiens, en quoi pouvaient-elles se différencier des automobiles croisées sur les parkings pendant la promenade quotidienne ? Les notions de vitesse, de force d'inertie, de distance de freinage sont totalement étrangères à l'entendement des jeunes chiens. Loo-Ping avait entendu le cri strident du caoutchouc brûlé sur le bitume, puis la jolie queue frétillante de Lolette avait soudainement disparu de son champ de vision, remplacée par les roues d'une fourgonnette. Les chiens ne comprennent pas non plus la signification des feux rouges.

Depuis Loo-Ping se méfie des fourgonnettes. Mais, dans celle-ci, un homme avec des gros yeux noirs lui parle. Il entend bien que ce sont des compliments.

– Ils ne font pas du tout marche arrière, tes égarés... remarque Saïda. Je crois qu'ils nous attendent.

Mathieu pousse rageusement son scooter devant lui.

– Les faignasses ! Tu vas voir comment je vais les envoyer se balader bien profond dans la gadoue...

– En fait, c'est pas nous qu'ils attendent, c'est Loo-Ping qui les intéresse... Regarde, il est là-bas sur le talus !

D'un sac de supermarché, Lucky sort une tranche de jambon. Il la coupe en deux et en jette une moitié par la portière. Elle tombe à mi-chemin entre la fourgonnette et le talus. La truffe du chien noir et fauve frétille illico.

Loo-Ping a reconnu l'odeur du jambon ; il en déjà volé plusieurs fois. Ce bout-là est à portée de crocs, sans danger ; il suffit de descendre le talus.

– Qu'est-ce qu'ils balancent à mon chien, ceux là ? s'étonne Saïda.

– Leur fond de poubelle, s'esclaffe Mathieu. Non, non, je plaisante ! En fait, ils le trouvent super beau, ton clébard, ils veulent juste l'attirer pour te le piquer !

– Rigole pas avec ça !

Le regard noir de Saïda atteste qu'il y a des sujets avec lesquels on ne doit pas plaisanter. Mathieu tente une pirouette de sortie.

– T'inquiète pas ! Un bâtard mal dressé comme le tien, ça peut intéresser personne. Crois-moi, je connais le sujet.

Lucky laisse tomber la seconde moitié de la tranche de jambon à la verticale du marchepied.

Immobile derrière son volant, Loïk se plaint à voix basse :

– Lucky, salaud ! T'es en train de lui balancer mon casse-dalle ! J'ai les crocs, moi !

Lucky ne répond pas. Toute son attention est concentrée sur l'animal face à lui.

– Allez, viens, mon chien...

Non, Loo-Ping n'a pas rêvé. Un deuxième morceau de viande vient de choir quasiment au bout de ses griffes. Il lui suffit d'avancer encore un peu. Loo-Ping a oublié Lolette, il ne se méfie plus des fourgonnettes.

– C'est bien, mon chien... le félicite Lucky.

Du fond d'un sac de toile, il sort son arme secrète. Il l'emporte toujours avec lui quand il part en expédition, on ne sait jamais. Un homme comme Lucky doit être prêt à profiter de toutes les opportunités.

– Allez, viens, mon chien !

Loo-Ping n'a jamais vu un os de gigot aussi gros. L'odeur de l'agneau cru lui attaque la truffe, affole ses papilles gustatives, dérègle son jugement. En un seul bond, il plonge dans le fourgon. On n'a jamais vu un chien résister à un os de gigot.

10

Saïda n'en croit pas ses yeux. Elle vient de voir disparaître son chien dans le flanc de la fourgonnette.

– Loo-Ping ! hurle-t-elle de toute la force de ses poumons.

De l'intérieur de la fourgonnette, Loo-Ping perçoit vaguement l'appel de sa maîtresse, mais l'os de gigot fait appel à tous ses autres sens. Il lui arrive parfois de faire la sourde oreille et d'attendre qu'un ordre soit répété pour obtempérer. Il sait que sa maîtresse le punit rarement pour son obéissance décalée. La voracité est plus forte que le devoir. Quand il entend la porte coulisser dans son rail, il dresse tout juste une oreille.

Au claquement de la porte latérale, Saïda comprend brutalement qu'on vole vraiment son chien. Elle commence à courir, hurle de nouveau, « Loo-Ping ! Au pied ! », mais elle s'époumone en vain.

Cette fois-ci, Loo-Ping a bien entendu sa maîtresse. Tant pis pour l'os, mais il doit obéir. Loo-Ping finit toujours par obéir. Mais la porte est fermée.

« Vas-y, démarre ! » ordonne Lucky à Loïk.

Saïda sprinte, mais elle est encore à quarante mètres de la fourgonnette quand celle-ci s'arrache du bitume dans un nuage de fumée noire.

– Loo-Ping !

Le démarrage déséquilibre Loo-Ping. Il a lâché son os. Il jappe, plaintif, puis se retourne vers l'homme aux gros yeux noirs. Grogne.

Alors que la panique et le désespoir s'apprêtent à dévorer Saïda, un bruit familier repousse ces sentiments dans l'ombre. Elle entend le moteur d'un scooter.

Mathieu la double sans s'arrêter.

Il a mis du temps pour croire en la réalité de son propre scénario catastrophe. C'est seulement quand la fourgonnette a pris la clef des champs que Mathieu a compris que Saïda ne s'agitait pas sans raison.

Courbé sur son guidon, il tourne à fond la poignée d'accélération. Les ravisseurs de Loo-Ping ont déjà une bonne avance, mais Mathieu connaît mieux les courbes des virages en lacet.

– On a le scoot' dans le potage, alerte Loïk.

Dans son rétroviseur, l'engin prend de plus en plus de place.

– Je m'en occupe... décide Lucky.

– Et le chien ?

– Pour l'instant, ça va...

Lucky sort d'un sac en plastique une bouteille de soda à l'orange. Deux litres et demi.

– Ça devrait suffire, estime-t-il en la soupesant.

Si la route était droite, la fourgonnette aurait déjà distancé le scooter depuis longtemps, mais la succession de virages ne lui permet pas de prendre son élan. Mathieu en a conscience et en profite. Il négocie les trajectoires sans décélérer, à la limite de la glissade.

– Il s'accroche, il se rapproche... enrage Loïk.

– T'inquiète pas... le rassure Lucky. On craint rien...

Il baisse la vitre côté passager. Il se penche à l'extérieur pour mieux localiser leur poursuivant. Le scooter est à moins d'une dizaine de mètre du pare-chocs arrière. Lucky ne peut réprimer un sourire ; la bravoure du jeune garçon n'est pas pour lui déplaire, malgré son inutilité.

Encore quelques mètres, et Mathieu aura rejoint ces salauds. D'un coup d'œil, il remarque l'homme aux lunettes noires, mais dans le feu de l'action il n'identifie pas l'objet long et cylindrique qui dépasse de la fenêtre.

Lucky songe aux parties de bowling qu'il disputait avec son père. Ici, c'est encore plus facile : une seule quille à dégommer. Il pense aussi que c'est dommage de gâcher ainsi deux litres et demi de jus d'orange. Et puis il lance la bouteille.

Mathieu ne l'a pas vue venir, il ne peut éviter le projectile. La bouteille percute la roue avant du scooter. Ensuite tout va tellement vite que Mathieu ne saura jamais qu'il a réussi un double salto avant parfait, sans doute le plus rapide de l'histoire de la gymnastique. La réception est moins élégante, sur les fesses, au fond du fossé. Sous son crâne, les sons s'entrechoquent, la tôle froissée sur le bitume, les cris de Saïda. Il croit même entendre aboyer.

Loo-Ping est en colère et il l'exprime bruyamment. Il veut sortir, retrouver sa maîtresse. L'os de gigot ne l'intéresse plus. Face à lui, l'homme aux gros yeux noirs s'empare d'un manche de pioche.

– Ta gueule ! gronde Lucky.

Il frappe l'épaule gauche du pur bâtard.

11

– Et vous n'avez pas relevé le numéro d'immatriculation ? interroge le brigadier Morland.

Sa moustache noire en forme de guidon de vélo donne l'impression qu'il descend d'une machine à remonter le temps.

– C'est allé trop vite pour qu'on note quelque chose ! Non, on a pas eu le temps, m'sieur, et on y a même pas pensé... répond Mathieu.

Le gendarme de la brigade de Ploemeur tourne autour du scooter sinistré. Le flanc droit de la carrosserie est rayé comme si une meute de chiens aux griffes d'acier s'était acharnée dessus. Le miroir du rétroviseur est brisé, la selle est déchirée sur toute sa longueur. Le gendarme enfonce machinalement son doigt dans le rembourrage du siège. Il semble songeur. Saïda, Mathieu et la mère de celui-ci l'observent silencieusement Les deux adolescents ont raconté dans le détail leur malheureuse aventure, soutenus par Virginie Tromeur. C'est elle qui a fait appel au représentant de l'ordre. Un vol de chien doublé d'une tentative d'homicide, c'est grave. Et malgré ses préjugés à l'encontre des forces de l'ordre en général, et des gendarmes en particulier, Saïda a bien dû admettre que la présence de ces derniers pouvait être indispensable.

Le scooter a été relevé et posté sur la banquette du talus. Des traces du drame, il reste deux flaques sur la route. Une d'essence et l'autre de jus d'orange.

La camionnette bleue de la gendarmerie est garée sur le bas-côté. Derrière le volant, un autre homme en uniforme, glabre celui-ci, bâille à s'en décrocher la mâchoire. De loin, on peut entendre les crachotis et les grésillements de la radio de service.

– C'est dommage... remarque le brigadier Morland.

– C'est certain, renchérit Virginie Tromeur. Ce scooter était tout neuf ! Mais ce n'est que de la casse matérielle. Le plus grave, c'est l'enlèvement du chien.

Le gendarme gratifie le maître-chien d'un sourire condescendant, celui que l'on destine aux esprits lents.

– Non, ce qui est dommage, c'est que votre fils n'ait pas relevé le numéro d'immatriculation. Ce serait plus simple. Parce qu'une fourgonnette blanche, c'est pas bien suffisant comme description. Elle aurait été rose à pois bleus, on aurait peut-être pu faire quelque chose, mais là, franchement, les fourgonnettes blanches, c'est comme les lapins, par ici, ça court les champs, n'est-ce pas ?

Le gendarme gratifie la jeune femme d'un nouveau sourire afin de partager avec elle les effets de son sens de l'humour. Virginie Tromeur lui rend son sourire, par politesse, mais elle ne pense pas que l'heure soit à la rigolade.

– On ne choisit pas ses agresseurs... fait-elle néanmoins remarquer.

– Et vous n'avez pas non plus reconnu la marque du véhicule... note le gendarme.

– Non, c'était pas le Salon de l'auto et on nous a pas donné de prospectus ! lance Saïda.

Le regard de la jeune fille est sombre. Devant l'injustice de la vie, elle retient sa colère, mais l'impatience la gagne. Elle voudrait que la justice soit déjà aux trousses de ses tourmenteurs.

Le brigadier Morland ne relève pas l'insolence de Saïda, il se contente de la toiser avec insistance. Ces vêtements multicolores, cet anneau dans le nez ne sont pas fait pour lui donner l'image d'une pensionnaire de couvent. Le brigadier se méfie de ceux qui portent ostensiblement l'uniforme de leur génération. Par déformation professionnelle, il est persuadé que l'habit fait le moine, que la frusque fait la délinquante.

– Je vois... se contente-t-il de dire avant de laisser glisser son regard vers Mathieu.

Une légère estafilade marque la tempe droite du garçon.

– Tu roulais sans casque ? lui demande le gendarme.

– Comme je vous ai dit, je roulais pas, on marchait en discutant, je poussais mon scoot'. C'est quand j'ai compris que ces salauds nous piquaient Loo-Ping, que j'ai sauté sur la selle et que j'ai démarré. C'était trop *speed* pour que j'aie le temps de mettre mon casque !

– Je vois... répète le gendarme. Bon... je crois que j'ai tous les éléments...

– Et ça, vous n'en avez pas besoin ?

Saïda désigne la bouteille de jus d'orange éventrée.

– Pour quoi faire ? demande le brigadier d'un air dédaigneux.

– C'est avec ça qu'ils ont dégommé Mathieu. Elle a explosé sur le bitume, il y a même encore la flaque sur la route ! C'est une pièce à conviction, non ?

Saïda tend l'objet poisseux au gendarme. Celui-ci ne semble pas décidé à se salir les mains. Un sourire dubitatif s'affiche sur ses lèvres.

– Je ne crois pas que cette affaire nous mènera devant une cour d'assises, ironise-t-il. À défaut d'être une pièce à charge, cette bouteille est bonne pour la décharge.

Satisfait de son jeu sur les mots, il lâche un petit rire sec et cherche un regard de connivence auprès de Virginie Tromeur. Celle-ci reste de marbre. La mère de Mathieu ne semble pas apprécier la désinvolture du gardien de l'ordre public.

– Un chien a tout de même été enlevé et mon fils aurait pu se retrouver à l'hôpital dans un état grave ! Il y a eu une agression caractérisée, non ?

Le ton de Virginie Tromeur est sec mais dénué de colère. Elle n'est pas femme à perdre le contrôle de ses sentiments.

– Vous voulez porter plainte contre X ? rétorque le gendarme. Vous pouvez, c'est votre droit...

– C'est la procédure adéquate, logique, non ?

Le gendarme fronce les sourcils. Son sourire s'est effacé. La perspective de se plonger dans un océan de paperasserie n'est pas faite pour le réjouir.

– C'est une possibilité...

– Vous en voyez une autre ? insiste Virginie Tromeur.

– Si vous déposez une plainte, nous allons ouvrir une enquête...

– C'est le but recherché, en effet, remarque Virginie Tromeur.

– Mais le but atteint ne sera pas forcément celui que vous escomptiez...

Les sourcils du brigadier Morland se sont fait menaçants. Ce changement d'attitude intrigue Virginie Tromeur.

– Je ne comprends pas...

– Eh bien, imaginez que la version des événements rapportée par votre fils et cette jeune fille ne soit pas totalement conforme à la réalité... En creusant un peu, en enquêtant, peut-être allons-nous découvrir que c'est une fable...

La bouche de Saïda s'apprête à s'ouvrir, sans doute pour libérer un gros mot de protestation. D'un regard apaisant, Virginie Tromeur désamorce la bombe humaine. La bouche de Saïda se referme sur une moue renfrognée.

– Je ne vois pas où vous voulez en venir... relance la mère de Mathieu.

– Vous voulez que je sois franc ? lâche le gendarme.

Dans le regard de Virginie Tromeur, on peut déceler un mélange de surprise et d'inquiétude.

– Les histoires, c'est une question de point de vue, reprend le brigadier Morland. Moi, je peux la raconter autrement. Qu'est-ce qui me dit qu'il y avait réellement une fourgonnette sur cette route ? Peut-être que votre fils n'avait pas besoin de recevoir une bouteille de jus d'orange pour se vautrer dans le fossé ?

– Je serais tombé tout seul ? le coupe Mathieu.

– Non. Tu t'es pris le chien de mademoiselle. Parce que, si j'ai bien compris, il n'était pas tenu en laisse, ce clébard, en dépit des arrêtés municipaux qui interdisent le vagabondage des chiens ! Première faute ! Donc, c'est comme ça que je vois les choses : c'est ce Loo-Ping qui a provoqué l'accident, peut-être même que tu l'as blessé, ça expliquerait le jus d'orange répandu sur la chaussée pour camoufler le sang ; et puis après, paniqué, apeuré, ledit animal s'est enfui. Ça me semble clair, ce chien n'est pas maîtrisé par sa maîtresse. Il s'est donc sauvé et elle a été incapable de le retenir. Alors pour justifier l'accident auprès des assurances et auprès de ta mère, toi et ta petite copine, vous avez échafaudé cette histoire à dormir debout. C'est mon point de vue.

– C'est dégueulasse de dire ça ! explose Saïda. Vous... Vous êtes... un...

La jeune fille hésite. Quel mot choisir pour caractériser l'homme à la moustache ? Salaud ? Ordure ? Dans son petit dictionnaire de l'insulte, elle en connaît bien d'autres, des mots méchants, des mots grossiers, des mots qui blessent, qui griffent, qui tuent. Elle pourrait même s'en prendre aux mœurs sexuelles de madame Morland mère. Mais ces mots trop gros se bousculent dans la bouche de Saïda. Ce n'est pas la peur du gendarme qui provoque son hésitation, mais l'indignation.

Virginie Tromeur ne lui laisse pas le temps de faire le tri. Sa voix claque comme un ordre donné à ses chiens :

– Stop, Saïda ! Ça suffit.

Mais le gendarme est déjà prêt à mordre. Il pointe son index vers la jeune fille. Si ce doigt était chargé de balles 9 mm, il percerait sans doute un troisième œil au milieu du front de Saïda. Un œil rouge.

– Fais attention à toi, la punkette ! gronde-t-il. Parce que, toi, je sais pas encore qui tu es, d'où tu viens, mais je suis certain qu'en creusant un peu je trouverai bien un os à ronger.

En langage administratif, le brigadier Morland soupçonne Saïda de s'être déjà fait remarquer hors des limites de la loi.

La jeune fille reste sans voix. Elle retient ses mots. Elle ne veut pas mettre son professeur dans l'embarras. Elle serre les dents et les poings, fait brusquement volte-face, balance le vestige de bouteille dans le fossé et part toute seule sur la route.

– Saïda ! lance Virginie Tromeur.

Mathieu pose une main sur son bras.

– Laisse tomber, m'man...

12

L'internat des filles est vide. Mathieu monte directement au deuxième étage. La seule porte ouverte est celle de la chambre occupée par Saïda et Jennifer. Mathieu se glisse dans l'encadrement de la porte. Saïda lui tourne le dos. Un grand sac est posé sur son lit. La jeune fille y enfourne pêle-mêle vêtements et objets personnels. Ses gestes sont nerveux. Le silence est ponctué de reniflements. Elle ne sent pas la présence de Mathieu derrière elle.

– Qu'est-ce que tu fais ? lance le garçon.

Saïda, surprise, se retourne brusquement. Son regard est sombre mais ses yeux sont rouges. Elle a pleuré sur le chemin du retour à l'internat. Elle a pleuré de chagrin, de rage, d'impuissance. Elle a pleuré toute seule. Elle a toujours pleuré toute seule. Elle a appris que les larmes étaient un signe de faiblesse. Chez elle, dans sa cité, les faibles se font écraser par les forts.

– Ça se voit, ce que je fais, non ?

Elle renifle.

– Tu veux un mouchoir ? propose Mathieu.

– Non. C'est juste un rhume des foins. Ça me prend la tête...

Mathieu sait bien que ce n'est déjà plus la saison des foins, mais il respecte la pudeur de Saïda.

– C'est malsain, l'air de la campagne... affirme la jeune fille avec une mauvaise foi évidente.

Mathieu ne relève pas l'incongruité du propos. Saïda lui tourne de nouveau le dos et poursuit son ouvrage, bourrant son sac de ses derniers effets.

– Où tu vas aller ? demande le garçon.

– Je sais pas. Chez moi... Loin d'ici en tout cas...

– Tu peux pas partir comme ça, tu peux pas quitter l'école...

Mathieu entend la fermeture Éclair du sac se fermer. Puis Saïda se retourne pour lui faire face. Le menton relevé avec un air de défi.

– Et qui va m'en empêcher ? Je n'ai plus rien à faire ici. Je sais pas si tu as remarqué, mais j'ai plus de chien.

– Mais c'est pas un problème. Ma mère, elle va t'en trouver un autre, de clébard, t'inquiète pas. Tu vas pas foutre en l'air tes études pour ça !

La colère semble soudain sécher les yeux de Saïda. Elle s'approche de Mathieu. Ils sont presque nez à nez.

– Mon chien, c'est Loo-Ping ! Et aucun autre « clébard », comme tu dis, ne pourra jamais le remplacer ! Tu comprends ça ? Je veux pas d'autre chien, je veux Loo-Ping ! C'est clair ?

Elle a presque hurlé la dernière phrase.

Mathieu bat en retraite et recule d'un pas. Il est maintenant dans le couloir. Saïda pourrait lui claquer la porte au nez, et ce serait sans doute la dernière image qu'il garderait d'elle. Il hésite : doit-il la laisser seule face à sa tristesse et à sa colère ? Elle hésite aussi : elle pourrait fermer cette porte entre eux, mais a-t-elle réellement envie de rester seule avec ses idées noires ? Avoir besoin des autres, ne serait-ce que de leur présence, n'est-ce pas un signe de faiblesse ?

Ils restent interdits, silencieux, face à face. Qui va faire le premier pas ?

– C'est très clair... reconnaît Mathieu. Alors je ne vois qu'une seule solution... : il faut qu'on retrouve ton Loo-Ping...

Contre toute attente, Saïda éclate de rire. Ce n'est pas un rire de joie, il a les accents d'une Cocotte-Minute sous pression. Un rire nerveux dans lequel Mathieu croit percevoir une pointe de moquerie. Le regard de Saïda ne s'est pas éclairci.

– Ah ouais, tu veux retrouver Loo-Ping ? Tu rêves, mon pauvre Mat' !

Le garçon se sent piqué au vif, tel l'étalon agressé par un taon, mais il se retient pour ne pas lâcher une ruade.

–Je veux simplement t'aider, mais bon...

Mathieu n'a pas élevé la voix. Il s'est contenté de reculer d'un pas supplémentaire, comme s'il s'apprêtait à partir.

Saïda remarque l'amorce du mouvement. Son instinct lui commande de ne pas laisser s'enfuir son seul allié. L'union ne fait-elle pas la force ? Elle avance d'un pas vers Mathieu, pose une main sur son biceps. Son regard hésite entre le plafond, le plancher et les yeux du jeune homme. Elle renifle encore.

–Excuse-moi, Mat', je veux pas te vexer, mais j'ai l'habitude de régler mes problèmes toute seule, alors...

Elle hésite à poursuivre, elle retire sa main du bras de Mathieu, mais elle plante son regard dans le sien.

– ... alors j'ai pas l'habitude qu'on propose de m'aider... Et j'ai encore moins l'habitude d'accepter...

Mathieu lui sourit de nouveau.

–Tu as de mauvaises habitudes, Saïda...

La jeune fille baisse le regard, recule à son tour.

–Bon, allez, reste pas planté là. Entre.

Elle pousse son sac, s'assied sur le lit et, d'un signe de la main, invite Mathieu à la rejoindre. Celui-ci traîne un peu les pieds, puis pose le bout des fesses au bord du lit, à bonne distance de la jeune fille. Cette intimité, soudaine et toute relative, le trouble. Il n'ose plus regarder Saïda, si proche – trop proche ? – de lui. Pour couper court à toute ambiguïté, la jeune fille lui assène sur l'épaule une claque de cow-boy. Entre potes.

– Alors, Mat', qu'est ce que tu crois que tu peux faire de plus que les flics ?

Mathieu ouvre son sac à dos et y plonge la main.

– J'ai ramassé ça...

Il exhibe les vestiges de la bouteille de jus d'orange qui a ruiné ses espoirs de justicier. Saïda semble interloquée.

– Et alors ?

– C'est à cause d'elle que je me suis viandé et que Loo-Ping a pu être embarqué, mais c'est peut-être aussi grâce à elle qu'on va retrouver la trace de ces salauds...

Saïda ne renifle plus.

13

Le garage à vélo de l'internat est inondé de soleil. Le ciel bleu est seulement taché de quelques nuages blancs.

– Il roule encore ?

Saïda tourne autour du scooter déglingué. Accroupi près du moteur, Mathieu vide un bidon d'huile dans le réservoir.

– Il est défoncé de partout, il a l'air mort, alors qu'en fait aucun organe vital n'a été touché. J'ai perdu de l'huile, mais je peux rouler avec. Tu vois, je l'ai rapporté jusqu'ici sans problème.

– Tu vas pas le faire réparer ?

– Si, mais il faut d'abord que l'expert de l'assurance passe constater les dégâts. Sauf que l'affaire est pas gagnée. Je suis pas assuré tous risques, alors si l'assureur pense comme l'autre gros naze à moustache, la facture est pour ma pomme. Et au niveau des finances, moi, je suis plutôt serré jusqu'au trognon...

– C'est pour ça que tu veux retrouver la fourgonnette blanche ? Pour prouver que t'es pas un menteur ?

– J'aime pas qu'on me traite de menteur. Surtout devant ma mère...

– Elle te croit pas ? Elle nous croit pas ? s'insurge Saïda.

– Si, si, mais, tu comprends, comme on a pas de preuve, elle peut pas porter plainte. T'as entendu le flic ? Si notre histoire lui prend la tête, c'est à nous qu'il va la prendre...

Mathieu se relève, jette le bidon vide dans une poubelle.

– Bon, on peut y aller...

Deux casques sont accrochés au guidon. Il en tend un à Saïda.

– Fait trop chaud pour mettre ça ! proteste la jeune fille.

– C'est obligatoire...

– Par chez moi, on se casse pas la tête avec ça...

– Je sais pas comment c'est chez toi, mais avec moi tu n'as pas le choix. Je n'ai pas envie de casser la tienne, de jolie tête...

Le compliment est sorti sans prévenir. Mathieu regrette aussitôt de s'être ainsi dévoilé. Saïda reste stoïque, comme si elle n'avait pas entendu ce qu'elle rêve d'entendre depuis leur première rencontre. Pour toute réponse, elle se contente d'enfiler le casque, sans commentaire, sans râler.

Mathieu appuie sur le démarreur.

Dans le canton de Kernéant, on peut compter sur les doigts d'une seule main ceux qui ont vu Marylise Lecroadec sourire dans l'exercice de ses fonctions. Depuis son retour au pays, Marylise est caissière de supermarché. Le bâtiment dans lequel elle officie a été bâti sur le modèle des hangars agricoles : un cube aux parois de tôle. L'hiver, il y fait glacial ; l'été, le moindre rayon de soleil le transforme en sauna. Deux bonnes raisons récurrentes pour mettre Marylise de mauvaise humeur. Car si mademoiselle Lecroadec ne sourit jamais derrière sa caisse enregistreuse, c'est qu'elle s'y trouve de perpétuelle mauvaise humeur. Tout la chagrine et l'ennuie dans son activité professionnelle. Il est vrai qu'elle ne se destinait pas à une carrière de presse-bouton. Elle a fait des études, à la ville. De longues études, bien trop coûteuses pour ses parents agriculteurs. Elle est sortie de l'école avec un diplôme de haute volée en communication. Elle aurait pu travailler chez un grand lessivier, une agence de publicité ou dans n'importe quelle entreprise attachée à faire passer ses vessies pour des lanternes. Mais la ville ne réussissait pas à Marylise. Trop de promiscuité, de bruit, de pollution. Les chemins boueux et les odeurs de lisier lui manquaient, elle est donc revenue s'implanter sur la terre de ses ancêtres. Cependant il n'est pas question pour ses parents retraités de nourrir une bouche inutile. Comme tout le monde, la fille prodige est condamnée à travailler. Malheureusement, en zone rurale, les emplois de « dircom » – directrice de la communication – ne courent pas les champs ; dans certains cas géographiques, être sur-diplômée équivaut à ne pas l'être du tout. Marylise poursuit donc une carrière de caissière au Super Z du canton de Kernéant. Sa seule perspective d'avenir est de passer chef caissière ; une petite dizaine d'années à attendre. Pour toutes ces raisons, Marylise ne sourit jamais aux clients. Elle semble avoir oublié que la première arme du communicant est le sourire.

Cet après-midi-là, Marylise tient la seule des cinq caisses qui soit ouverte. C'est l'heure creuse. Un retraité par-ci, une chômeuse par-là. Le rush aura lieu après la sortie des classes ; le supermarché sera alors envahi de familles pressées et bruyantes, dont le seul objectif sera d'arriver avant les autres à la caisse. En attendant, Marylise s'éponge les tempes avec un mouchoir en papier. Elle a chaud. Les hautes vitrines du magasin laissent les rayons du soleil la frapper frontalement. Elle observe d'un regard vide le parking qui ne l'est pas moins. L'arrivée d'un scooter la sort de sa torpeur. Elle n'aime pas les scooters : ça pétarade. À vue d'œil, celui-ci mériterait d'aller directement à la casse ; bon débarras. Ils sont deux à le chevaucher. Deux jeunes. À quelques exceptions près, Marylise n'aime pas les jeunes : ils parlent fort dans le magasin, se bousculent dans les rayons, volent des cannettes et des barres chocolatées, l'appellent Sœur Sourire dans son dos mais assez fort pour qu'elle l'entende...

La passagère du scooter saute de la selle et entre dans le magasin sans attendre son chauffeur. Elle enlève son casque en se dirigeant vers les caisses. Marylise ne la connaît pas, celle-là, mais sa tenue vestimentaire ne plaide pas en sa faveur : les filles honnêtes ne s'habillent pas ainsi. L'adolescente se plante face à Marylise. Elle tient une bouteille de jus d'orange vide à la main. Elle hoche la tête en guise de salutation ; elle pourrait sourire au moins.

– C'est chez vous que cette bouteille a été achetée ? demande Saïda.

– Je sais pas... répond Marylise, sans un regard pour l'objet qui lui est présenté.

– Regardez l'étiquette du prix : Super Z, c'est bien ici, non ?

– Il y a trois cents magasins Super Z sur le territoire...

– Peut-être, mais à trente kilomètres à la ronde, vous êtes le seul...

– Je sais pas. Je suis pas le bureau des informations. Qu'est-ce que vous voulez ?

L'agacement de Marylise est palpable. Saïda n'en a cure, elle est obstinée.

–Je veux savoir si cette bouteille a été achetée ici... Et par qui...

Marylise éclate de rire ; elle en est la première surprise, elle n'a pas ri depuis si longtemps. C'est une forme de réponse aux invraisemblables questions de la jeune effrontée, mais ce n'est pas suffisant.

–Ma petite, des bouteilles de jus d'orange, on en vend des centaines par semaine ! Tout le monde achète du jus d'orange : les vieux, les jeunes, les riches, les pauvres ! Alors, vraiment, ma petite, autant chercher une paille dans une botte de foin !

–Une aiguille... C'est l'aiguille qu'on peut pas retrouver dans le foin. Parce que la paille, c'est du foin aussi ! ergote Saïda.

–Pas du tout, ma petite, le foin, c'est de l'herbe. La paille, c'est la tige des céréales, sans la graine. Faut savoir avant de donner des leçons.

C'est à cet instant que Mathieu fait son entrée dans le magasin. Par relation de cause à effet, c'est aussi à cet instant que le premier sourire de la semaine illumine le visage de Marylise. Elle a ses têtes, Marylise, et Mathieu en fait partie. Parmi les jeunes insolents qui défilent devant sa caisse, le jeune Tromeur est le seul qui ne se moque pas d'elle. Et quand le sourire de celui-ci s'affiche, surmonté de son doux regard bleu, Marylise ne peut s'empêcher de le lui rendre. Certes elle déroge à sa propre règle, mais l'exception n'est-elle pas faite pour mieux la confirmer ?

– Bonjour, mademoiselle Lecroadec ! claironne Mathieu.

– Bonjour, mon garçon ! répond Marylise d'une voix presque douce.

– On est désolés de vous déranger, mais on a vraiment besoin d'un renseignement, c'est très important.

Mathieu prend la bouteille des mains de Saïda.

– C'est à propos de ça...

Il tend la bouteille à Marylise. Un bref instant, son regard croise celui de la jeune fille. Si leurs yeux projetaient de l'acide, elles seraient défigurées toutes les deux.

– Cette bouteille vient-elle d'ici ? interroge Mathieu.

Il accompagne sa question d'un nouveau sourire angélique. Marylise n'y est pas insensible. Elle prend la bouteille et l'observe avec attention. La réponse est rapide :

– Oui, sans aucun doute, elle a été achetée ici.

Marylise entend Saïda soupirer, mais elle ne lui accorde pas un regard. Elle a décidé que l'effrontée n'existait plus.

– Est-ce qu'elle a pu être vendue ce matin ? poursuit Mathieu.

– C'est possible, mais je peux pas vérifier.

– Ce seraient deux hommes, entre vingt et trente ans. Ils conduisaient une fourgonnette blanche...

– Ça oui, je me souviens d'eux. Le matin, ici, on voit surtout des vieux. Ces deux-là contrastaient...

Surtout qu'avec le jus d'orange ils avaient pris une bouteille de rhum. C'est pas le genre de la clientèle du matin...

– Ils ont payé comment ? Par chèque ? Par carte de crédit ?

– Non... En liquide...

Mathieu affiche sa déception. Un chèque, cela aurait été tellement plus simple pour les retrouver.

– Et ils vous ont pas parlé ?

– De quoi ?

– Je sais pas... Genre d'où ils venaient, où ils allaient...

– Je fais pas office du tourisme, mon petit Mathieu... Mais pourquoi tu veux savoir tout ça ?

Le regard de Marylise s'est fait soupçonneux.

– Ils m'ont envoyé dans le décor avec mon scoot' !

Le regard de Marylise oscille cette fois entre la compassion et la colère.

– Les salauds ! commente-t-elle.

Puis elle réfléchit.

– Je crois bien qu'ils ont pris de l'essence. Tu devrais aller voir Jeanine...

La station-service du Super Z est à l'autre bout du parking. Saïda et Mathieu se dirigent d'un bon pas vers les pompes à essence.

– Pas cool, ta rombière... remarque la jeune fille.

– Lecroadec ? Tu rigoles ! Elle est trop sympa ! T'as entendu comme elle nous a bien rencardés !

– C'est parce que tu as fait ton joli cœur !

Il y a une pointe de reproche dans la voix de Saïda. Peut-être même un soupçon de jalousie.

– Moi ?! Je fais le joli cœur ? s'offusque Mathieu. Je suis poli, c'est tout !

– Mouais... Et cette Jeanine, tu la connais bien aussi ?

– Ben oui, c'est ici que je fais le plein !

Dans sa casemate en tôle, Jeanine Gilot ne se plaint pas de la chaleur étouffante : un ventilateur acquis avec ses propres deniers lui évente la nuque. Jeanine ne se plaint jamais. Ce n'est pas du stoïcisme, mais de la béatitude. Jeanine envisage chaque seconde que le temps égrène comme un moment d'exception. Elle ne s'ennuie jamais. Tout l'intéresse et la passionne, particulièrement les choses les plus anodines. De son poste d'observation, elle peut assister au manège des voitures et des Caddie sur le parking. Ce spectacle banal mais perpétuellement renouvelé l'enchante. Son statut de caissière de la station-service lui permet également d'être en contact avec tout ce que la population compte d'automobiliste. Elle connaît chacun et chacune par son nom, parfois son prénom. Elle voit les enfants grandir sur la banquette arrière, leur offre des bonbons. Un jour, eux aussi, deviendront ses clients. Elle s'en réjouit, c'est sa façon d'envisager l'avenir.

Ainsi le petit gars qui s'approche d'elle, le jeune Mathieu Tromeur, elle le connaît depuis toujours.

Elle l'a vu en tricycle, en bicyclette, et maintenant en scooter. Elle le verra peut-être un jour au volant d'un trente-cinq tonnes, qui sait. En tout cas, il aura toujours ce sourire rose et ces yeux azurés.

– Une fourgonnette blanche, mon petit Mathieu ?! Ouh là ! Tu sais, ici, ça défile toute la journée, et même la nuit, avec les automates ! Et puis des fourgonnettes blanches, c'est presque ce que je vois passer le plus, avec les voiturettes !

– Oui, mais vous Jeanine, vous connaissez tout le monde...

– Ça, c'est vrai ! reconnaît la caissière.

– Et ceux-là, justement, les types que je cherche, vous les connaissez pas.

– Ah !

Jeanine fronce les sourcils pour réfléchir ; l'argument de Mathieu semble lui avoir ouvert une piste mémorielle.

– Tu as raison, Mathieu ! Maintenant, je me souviens ! L'un des deux, peut-être le passager, portait des lunettes noires, et l'autre un bonnet de marin... C'est ça ?

– Oui, je crois...

– Mais c'est le bonnet de marin qui parlait... Il avait un drôle d'accent, un peu comme les voyous à la télé...

– L'accent de banlieue ? intervient Saïda.

– Tu as peut-être raison, ma petite, mais, moi, je suis jamais allée si loin, je connais pas...

– Ils ont payé comment ? Chèque ? Carte ? Cash ? demande Mathieu.

– Ouh là ! Attends que je réfléchisse... En liquide, je crois... Oui, c'est ça ! Même qu'il avait l'appoint, au centime près. C'est rare !

À la grimace qu'échangent Saïda et Mathieu, la caissière comprend que ces informations ne les réjouissent pas outre mesure. Elle fronce de nouveau les sourcils.

– Je me souviens qu'on a aussi un peu parlé... Attendez... Ils voulaient un renseignement... Ils cherchaient leur chemin... Où allaient-ils déjà ? ... Je crois qu'ils cherchaient le village du Bé... Oui, c'est ça, le manoir du Bé... Là où il y a le Parisien avec ses chiens... C'est un élevage, je crois...

14

Il faut prendre la route communale numéro 12 qui serpente dans la forêt pour se rendre au Bé. Là, dans une vaste clairière, quelques longères désaffectées constituent le hameau proprement dit. Encore quelques dizaines de mètres à slalomer entre les nids de poule et la route s'arrête net devant le portail d'un manoir aux pierres rouges. La bâtisse fortifiée date du XIVe siècle, et l'on dit que Du Guesclin y a passé quelques nuits à l'époque où il guerroyait dans la Grande Forêt contre les chevaliers anglais.

Abandonné aux araignées et aux musaraignes depuis plusieurs décennies, le manoir perdu au fin fond des bois semblait condamné à l'érosion du temps, jusqu'au jour où les pas d'Éric Leroy, agent de change parisien en randonnée pédestre, l'avaient amené au pied de sa tour en ruine. Le citadin était tombé en extase devant ces vieux murs de schiste rouge. Ce jour-là, il avait décidé de ne plus repartir. Il avait revendu son appartement parisien, son cabriolet de luxe allemand, son portefeuille d'actions internationales, puis avait troqué ses costumes et ses cravates sur mesure contre une cotte bleue mal taillée. Il avait seulement gardé sa chienne, une rottweiller noir et feu au pedigree de concours. Ensemble, ils avaient passé un premier hiver, glacial, dans une caravane mal isolée, le temps d'apprendre la maçonnerie, l'électricité et la plomberie. Éric Leroy voulait renouveler sa vie, oublier tout ce qu'il avait appris, apprendre tout ce qu'il ne savait pas. Le manoir, acquis pour une poignée de billets, devint son Meccano géant. La chienne, couverte à grands frais par l'un de ses congénères sélectionnés, devint la première pensionnaire de son élevage. En moins de dix ans, Éric Leroy avait effacé toutes les traces de sa vie passée.

Quand le scooter de Mathieu se gare dans la cour pavée, un concert d'aboiements les accompagne déjà, lui et Saïda.

– Tu le connais, ce type ? demande la jeune fille.

– Pas trop... Mais ma mère, oui... Il fait dans le rot' et dans le malinois, ça ne peut pas la laisser indifférente... Il a dû venir à la maison une ou deux fois...

Sur les marches du perron apparaît le maître des lieux. L'homme porte un treillis noir de l'armée et une paire de sandales de moine. De son débardeur rouge délavé sort une paire de biceps tatoués. Sa tête rasée et ses joues bleuies par une barbe de trois jours ne lui donnent pas un air engageant. Dans son sillage, un malinois sans collier remue la queue en signe de bienvenue. On n'entend plus d'aboiements.

– C'est pourquoi ? demande Éric Leroy sans saluer les arrivants.

– Bonjour ! lance Mathieu d'une voix enjouée pendant que Saïda grommelle un vague « Salut ». On voudrait vous poser quelques questions...

– C'est pour un exposé scolaire ?

– Pas vraiment... répond Mathieu.

L'éleveur toise les deux jeunes gens.

– Je te connais, toi... dit-il à l'adresse de Mathieu.

– Je sais pas...

– T'es le fils Tromeur, pas vrai ?

– Oui...

– C'est moi qui ai fourni son rot' à ta mère.

Pour la première fois, l'éleveur sourit. Un sourire franc et sincère qui lui donne soudain l'air moins redoutable.

– Enjoy ?

– C'est un chien de ma chienne. Une bête à concours, pas vrai ?

– Elle est cool, en tout cas...

– Ah ça ! Moi, j'élève pas des mâchoires à pattes. Je suis pas armurier. Je promotionne plutôt les chiens de canapé…

Éric Leroy caresse la tête du malinois. De contentement, le chien ferme à moitié les yeux. S'il était né chat, il ronronnerait.

– Bon, qu'est ce que je peux faire pour vous ?

– On cherche deux hommes dans une fourgonnette blanche… On nous a dit qu'ils étaient peut-être passés par chez vous…

– C'est possible…

Le regard de l'homme devient méfiant.

– L'un porte des lunettes de soleil et l'autre un bonnet de marin… précise Saïda.

– Pourquoi ces types vous intéressent-ils ?

Mathieu désigne son scooter.

– Ils m'ont balancé dans le fossé…

Pour l'instant, Mathieu ne veut pas en dévoiler plus. Qui sait ? L'éleveur est peut-être en cheville avec les « dognappeurs ».

Éric Leroy observe le deux-roues en dodelinant de la tête.

– Je sais pas pourquoi ils t'ont fait ça, mais ça m'étonne pas que ce soit dans leurs manières… C'est vrai qu'ils sont passés aujourd'hui. C'était pas la première fois que je voyais celui avec des lunettes noires. Il y a un ou deux ans, il m'avait rendu visite. À l'époque, je le sentais déjà pas trop. Et aujourd'hui, j'ai pas eu plus le feeling…

– Ils s'intéressent aux chiens ? glisse Saïda.

– Pas comme moi, je m'y intéresse. Eux, ce qui les branche chez les molossoïdes ou les bergers, ce n'est pas ce qu'ils ont dans le crâne, mais ce qu'ils ont dans la mâchoire. Je vous l'ai dit, moi, j'élève des bêtes saines, équilibrées, sans agressivité...

– C'est pas ce qu'ils cherchent ?

– Ça non ! Toutes leurs questions tournaient autour de la force, de la puissance. Les seules histoires qu'ils étaient capables de me raconter sur les chiens se terminaient toujours avec une paire de crocs enfoncée dans le cou d'une autre bête ou dans la cuisse d'un être humain ! Ce sont des types de la ville, ils ne voient pas les choses comme nous. C'est certain qu'un rot' ou un taï enfermé toute la journée dans un deux-pièces d'une tour n'a pas la même psychologie qu'un chien de la même portée élevé à la campagne... Moi, de toute façon, mes chiens, je les laisse pas partir en ville. Je refuse de vendre quand je suis pas en confiance avec le futur maître...

– Et ceux-là, ils voulaient vous acheter un chien ?

– Oui. Quand on visitait le chenil, ils essayaient d'agacer les chiens à travers le grillage. J'ai un jeune rot', un tout fou, qui a réagi avec humeur. C'est évidemment celui-là qui les intéressait...

– Et vous leur avez cédé ?

– Je déroge pas à mes principes. Ça pouvait pas être de bons maîtres. Et pourtant le type à lunettes noires avait la grosse liasse sur lui. Mais j'ai pas besoin de cet argent-là... Je vais pas sacrifier une de mes bêtes pour du pognon.

– « Sacrifier » ? relève Saïda avec inquiétude. Pourquoi « sacrifier » ?

– Les types comme ces deux-là, je connais le genre. Ils enferment la bête et ils la battent, la frappent, la cognent jusqu'à ce qu'elle devienne loco. Tellement chtarbées qu'elle devient plus qu'agressive : dangereuse. C'est ça, leur méthode. Simple mais efficace.

– C'est quoi, ces dingues ? se révolte Mathieu Pourquoi font-ils ça ?

L'éleveur regarde Saïda, la jauge de la tête aux pieds.

– Toi, tu m'as l'air de venir de la ville, tu sais peut-être de quoi je parle ?

Le regard perdu de la jeune fille semble indiquer le contraire.

– Quand on abîme les chiens de cette manière-là, explique Éric Leroy, c'est pour les lâcher dans l'arène. Vous avez pas entendu parler des combats de chiens ?

L'éleveur remarque soudain le visage de Saïda. L'adolescente est livide, décomposée.

– Qu'est-ce qui t'arrive, ma petite ?

Saïda sent ses yeux s'humidifier. Elle imagine Loo-Ping, la gorge ouverte. Elle serre les dents pour ne pas pleurer, ce qui l'empêche aussi de répondre à l'éleveur. Volant à sa rescousse, Mathieu s'en charge :

– En réalité, m'sieur Leroy, ces salauds ont volé le chien de Saïda.

Un éclair de colère traverse le regard de l'éleveur.

– Les saloperies de merde ! Je leur ai pas vendu mon chien, ils ont tiré le tien ! Les lâches ! Les ordures !

Les bras de l'éleveur s'animent. Le poing fermé de sa main droite frappe avec violence la paume de sa main gauche. Si le visage du voleur de chiens avait été dans la trajectoire, il est certain que ses lunettes noires se seraient incrustées profondément dans l'orbite de ses yeux.

– Vous en avez parlé aux flics ?

– On a essayé, explique Mathieu. Ils nous croient pas...

– Et merde ! Mais attendez, peut-être que je peux vous aider...

L'homme fouille dans les poches de son treillis. Il en ressort des bouts de papier. Dans le tas se trouve un flyer multicolore.

– Ce salopard m'a laissé cette carte, au cas où je changerais d'avis. Je pensais la balancer ce soir dans la cheminée... Il m'a dit que je pouvais laisser un message là-bas... Le Central Bar...

Éric Leroy retourne le bout de papier.

– Il a même noté son nom : Lucky...

15

Cette nuit-là, Mathieu a du mal à trouver le sommeil. Il sait que quelques dizaines de mètres plus loin, dans l'internat des filles, Saïda doit elle aussi se retourner dans son lit. C'est *in extremis* qu'il a réussi à la convaincre de ne pas partir pour Lorient immédiatement après la visite chez l'éleveur.

– Tu vas y aller comment ? À pied ? Trois cents kilomètres ?

– Je m'en fous, je ferai du stop...

– Et après, une fois arrivée là-bas, qu'est-ce que tu crois pouvoir faire ?

– Je trouverai ce rade et je choperai ce Lucky !

– Ah ouais ? Et tu vas l'attaquer à la cuillère à café ? T'as vu comment t'es gaulée ? Ce mec, il te met juste une claque, et tu peux aller direct faire de la chirurgie esthétique. Il est trop dangereux pour toi, Saïda !

– Non ! C'est moi qui suis trop dangereuse pour lui ! Ça, je te le jure !

Des heures plus tard, ces mots résonnent toujours sous le crâne de Mathieu. Pourtant, la fatigue aidant, il finit par sombrer dans le sommeil.

Le grand chien noir l'observe en grondant. Mathieu essaye de démarrer son scooter. À chaque tentative, une pièce du véhicule tombe à terre dans un fracas assourdissant. Le chien noir ne gronde plus, il aboie. Sa mâchoire est aussi longue et acérée que celle d'un alligator. De la bave suinte entre ses crocs. C'est sans doute la rage. Le scooter est maintenant en pièces détachées aux pieds de Mathieu. Le garçon pue la peur et le chien le sent. Mathieu prend alors la seule décision à ne pas envisager en pareil cas : fuir. Il court à perdre haleine, mais il sent déjà celle du chien dans son dos. Les aboiements lui percent les tympans. Mathieu se bouche les oreilles à l'instant où deux pattes griffues s'agrippent à ses épaules. Il tombe en avant, tête la première, une pierre pointue lui déchire l'arcade sourcilière. Avec l'énergie du désespoir, il parvient à se retourner. Mais, à quelques centimètres de son visage, la gueule du chien est grande ouverte, comme un piège à loup. À l'instant où les herses vivantes vont se refermer, le réveil sonne.

Mathieu se dresse en sursaut dans son lit. Son visage est en sueur, son tee-shirt est trempé. Il a déjà oublié son cauchemar. Dans son cerveau, un seul mot clignote, au même rythme que l'aiguille du réveil : Saïda.

Son tee-shirt propre est à peine enfilé qu'il est déjà dans la cour. Un horrible pressentiment l'a empêché d'avaler la moindre bouchée du petit déjeuner. Il doit d'abord vérifier.

Il traverse la cour centrale au petit trot.

Arrivé dans le garage à vélo, il doit bien admettre la justesse de sa prémonition : son scooter a disparu.

Il fonce vers le réfectoire des internes.

Jennifer, le regard encore encrassé par le sommeil, grignote sans conviction une tartine beurrée. À côté d'elle, la place est vide.

– Où est Saïda ? demande Mathieu.

Il n'a pas de temps pour les ronds de jambe.

– Je sais pas, répond Jennifer. Je me suis levée à la bourre, elle était déjà partie...

– Où ?

– Je sais pas, moi...

– Tu l'as vue hier soir ?

– Elle arrivait pas à dormir. Elle était trop mal... On a discuté super tard... Peut-être trois, quatre heures du matin... Et puis je me suis endormie, elle parlait toujours...

– Dis-moi un dernier truc : elle a pris son sac ?

– Non. Pourquoi ?

Sans répondre, Mathieu repart déjà.

En traversant la cour au pas de course, il se sent étrangement plus léger. Saïda a laissé son sac.

– Encore merci, m'sieur Gardel ! répète Mathieu en sautant du tracteur antédiluvien.

Un coup de chance pour lui d'avoir croisé le vieil agriculteur sur la place du village de Kernéant. La solution à son problème urgent : comment se rendre à Ploemeur – dix-huit kilomètres – sans user les semelles de ses baskets neuves ? Justement le père Gardel s'y rendait, à la sous-préfecture, et il ne refuse jamais un peu de compagnie. Parce que c'est un peu long, dix-huit kilomètres, en tracteur... Car le père Gardel n'a pas le choix : il a toujours refusé de passer son permis de conduire. Il considère qu'il passe plus de temps dans les champs que sur les routes, et qu'une voiture lui est moins utile qu'un tracteur. Et donc plus chère. C'est un choix de vie et une logique économique. Le père Gardel s'en est expliqué durant tout le trajet, Mathieu a acquiescé poliment, mais il reste persuadé qu'entre une Ferrari et un Deutz, son choix ne variera jamais.

À peine le pied posé sur le trottoir de la place d'armes de Ploemeur, Mathieu court vers l'arrêt de l'autocar.

Derrière l'Abribus, il retrouve son scooter. Dans la déchirure de la selle, on a glissé une feuille de papier quadrillé pliée en deux. Un seul mot au centre de la page : « Merci ».

Tout en rangeant le message dans sa poche, Mathieu consulte les horaires de car. Celui dans lequel Saïda est forcement monté partait à 6 h 40.

Elle a deux heures et demie d'avance sur lui.

Traverser tout un département en scooter est un sport non répertorié par le Comité olympique, mais qui nécessite pour le pratiquer autant d'endurance, de volonté et de patience que celles déployées par les athlètes de haut niveau. Sur la route qui mène à la grande ville portuaire, Mathieu en fait l'expérience. Courbé sur son guidon pour laisser le moins de prise possible au vent, il avance « poignée dans le coin », à l'instar des champions motocyclistes. Mais même à fond, un scooter de 80 cm^3, ça n'avance pas très vite. Sur certaines lignes droites, quand les voitures lancées à fond le doublent, Mathieu a quasiment l'impression de faire du surplace. Dans la mesure où les autoroutes sont interdites à sa cylindrée, le scooteuriste doit, de surcroît, emprunter le chemin des écoliers, routes départementales et communales, ce qui n'est pas pour raccourcir le trajet. Les seuls arrêts qu'il s'autorise sont destinés à faire le plein – essence pour la machine, eau gazeuse pour le conducteur.

C'est là première fois que Mathieu s'engage dans un tel voyage. Bien évidemment, la mer, la grande ville, il connaît. Mais il ne s'y est jamais rendu seul, ni par ses propres moyens. En général, il accompagne sa mère. Il en profite pour la traîner dans certains magasins bien précis, ceux qui offrent aux jeunes consommateurs le plus large choix de vêtements de marque ou de disques introuvables en zone rurale. Il ne lui était encore pas venu à l'idée d'entreprendre ce parcours sans elle. Il aura fallu un cas de force majeure pour qu'il prenne son envol.

C'est seulement au bout des cent cinquante premiers kilomètres qu'il commence à sentir les effets de la fatigue. Laquelle engendre souvent une période de découragement. Quelle mouche l'a donc piqué pour qu'il se lance dans une expédition aussi périlleuse, séchant les cours du collège, sans prévenir sa mère, au risque de faire exploser son moteur au milieu de la route ? Ne devrait-il pas faire demi-tour ? Alerter sa mère ? La police ? Non, Saïda ne le lui pardonnerait jamais. Non, il ne doit pas, il ne peut pas rentrer chez lui sans être d'abord allé au bout du chemin. Tout simplement parce qu'il serait incapable de rester inactif dans l'attente du retour de la jeune fille. Mieux vaut l'action à l'aveuglette que l'inaction impuissante. Quelque part au fond de lui-même, Mathieu est persuadé que Saïda a besoin de lui.

D'abord, il voit les tours construites sur les collines qui dominent le port. Plus il s'approche de la ville, moins son regard porte loin : les constructions de plus en plus nombreuses rétrécissent son champ de vision. À chaque feu rouge, la chaleur se fait plus lourde. Il étouffe sous son casque. Ici, pas question de foncer. Il doit tenir compte d'une quantité d'obstacles spécifiques à la ville : piétons distraits, véhicules en grand nombre et de toutes tailles, pour la plupart engagés dans une course absurde de carrefour en carrefour. La ville lui semble soudain trop grande pour retrouver un simple être humain.

Ses indices sont maigres. Saïda a gardé la carte remise par l'éleveur de chiens. Mathieu se souvient seulement du nom : le Central Bar. En toute logique, Mathieu suit les panneaux qui le mènent au cœur de la ville.

Après avoir interrogé en vain quelques commerçants, Mathieu doit bien se rendre à l'évidence que son objectif n'est pas situé dans le centre-ville. Il se rend à la poste où, à l'aide d'un annuaire, il déniche l'adresse du bar : rue Royale. Ensuite, à proximité de la mairie, il avise un plan de la commune. Contrairement à ce que l'enseigne pourrait laisser croire, le Central Bar se trouve en périphérie.

16

Rue Royale. Il n'en reste que le nom. La ville a été entièrement bombardée lors de la Seconde Guerre mondiale. Les promoteurs n'ont fait aucun effort esthétique pour la reconstruction de ce port au passé glorieux.

Saïda s'arrête devant le Central Bar. Son cœur bat la chamade. Elle prend une grande aspiration iodée, pousse la porte vitrée.

À l'entrée, un jeu de carte électronique. Plus loin, une petite table, investie par un couple, suivie d'un long comptoir en bois patiné. Le barman est accoudé devant deux clients installés sur de hauts tabourets. Leur tête pivote vers l'entrée. Ils détaillent la jeune fille de la tête aux pieds.

– Bonjour, dit Saïda avec détachement.

Depuis l'éclosion de sa poitrine sous ses tee-shirts, elle remarque que les hommes ne la considèrent plus comme avant. Leurs regards protecteurs sont devenus au mieux respectables, au pire gourmands. Elle commence à en avoir l'habitude, mais elle est persuadée qu'elle ne se fera jamais aux seconds. Elle s'installe à l'opposé du duo.

– J'vous offre une mousse, mam'zelle ? demande le plus jeune.

– Non, merci, répond poliment Saïda.

– Question de religion ? interroge le serveur avec mépris.

À côté du distributeur de cacahuètes, des flyers attirent l'œil de la jeune fille :

« La France aux français ». Saïda s'assombrit. Ce barman ne sera jamais son ami.

– Non, question de goût. Un DBK, s'il vous plaît.

– C'est quoi cette connerie encore ? Un truc de djeunes ? demande le barman dédaigneux.

– T'es vraiment un vieux con, Paulo, intervient le jeune homme de tout à l'heure.

– Diabolo, banane, kiwi, coupe court Saïda.

– On boit ça dans ton bled ?

– Je bois ça.

Le barman se retourne pour saisir les bouteilles de sirop. Il verse une dose de chaque sirop avec un air dégoûté et ajoute la limonade. Saïda sort son argent pour éviter toute poursuite de discussion.

– Merci, dit-elle.

Le barman jette la monnaie sur le comptoir. La jeune fille boit une gorgée et se dirige vers les toilettes.

Elle s'enferme dans celles des filles, sort son portable et la carte du bar. Elle compose le numéro et maquille sa voix :

– Allô ? Bonjour, je voudrais parler à Lucky.

– C'est de la part de qui ?

La voix du barman résonne jusqu'aux toilettes.

– Une copine, on s'est croisés l'autre soir.

– Pas de chance, il est pas là. Un message ?

– Non, je rappellerai.

Saïda raccroche, se lave longuement les mains. Impossible d'attendre dans ce bar pendant des heures. Elle envisage de guetter les entrées du bout de la rue et fait confiance en son instinct pour démasquer Lucky parmi les autres clients. Quand elle ouvre la porte des toilettes, les deux séducteurs de comptoir sont partis. Elle craint de devoir parler avec l'antipathique barman. Elle reprend sa place et boit son verre d'une traite. La porte s'ouvre au moment où un glaçon choque ses canines. Deux nouveaux consommateurs font leur entrée. L'un est coiffé d'un bonnet de marin, l'autre porte des lunettes de soleil en guise de serre-tête. Ils s'installent au comptoir.

– Salut, Paulo, font-ils de concert.

– Salut les gars... Comme d'hab ?

Les deux hommes acquiescent d'un signe de tête.

–Au fait, Lucky, y'a une gonzesse sans nom qui vient d'appeler pour toi, dit le serveur en tirant le premier demi.

Saïda a failli recracher son glaçon.

–Elle rappellera, répond Lucky.

–Quel tombeur ! s'exclame le barman sincèrement impressionné.

« Quel fumier », pense Saïda.

–Qu'est-ce que tu veux, elles sont toutes folles de ton corps musclé ! rigole le bonnet.

Saïda décide de les attendre dehors. Elle ne se sent pas capable d'affronter leur regard ou même d'entendre le son de leur voix sans une réaction agressive. Elle quitte le comptoir et se dirige vers la sortie.

–Je vous fais pas fuir, mademoiselle, j'espère, demande le faux marin rigolard.

Saïda serre les dents en passant devant lui, ne répond pas et claque la porte derrière elle.

L'adolescente fait quelques pas sur le trottoir avant de reconnaître la fourgonnette blanche qui a fait son malheur. Elle s'en approche. Loo-Ping est peut-être encore dans le véhicule. Elle colle son nez contre la vitre.

–Tu cherches quoi, petite ?

C'est la voix de Lucky. Ses deux mains viennent de s'abattre sur les épaules de la jeune fille. Loïk ouvre déjà la porte coulissante. Lucky pousse sa proie à l'intérieur de la fourgonnette. Saïda n'a pas eu le temps de crier.

– C'est ton clebs que tu cherches, hein ? Tu crois que je t'ai pas reconnue ?

Loïk s'installe au volant. Il jette un regard noir sur Saïda.

– Qu'est-ce qu'on va faire d'elle ? On va pas la buter ?

17

La rue Royale, enfin ! Mathieu a l'impression d'avoir fait trente fois le tour de la ville avant de la trouver. Toutes ces rues, tous ces carrefours, tous ces immeubles se ressemblent. Si Mathieu est capable de distinguer un hêtre d'un chêne, en revanche il ne fait aucune différence entre une H.L.M. construite dans l'après-guerre et un immeuble résidentiel du troisième millénaire. Il ne voit que du béton. À ses pieds, sur les côtés, devant lui, derrière lui. Il doit lever la tête pour voir un peu de ciel bleu. Et encore : la géométrie des bâtiments lui trace un cadre étriqué.

La rue Royale n'est pas très animée ; une poignée de passants sur les trottoirs, une fourgonnette blanche qui démarre, un cycliste qui zigzague. Mathieu repère tout de suite le Central Bar. C'est l'unique commerce de la rue.

D'un coup d'accélérateur, il grimpe sur le trottoir. Il attache son scooter à un panneau d'interdiction de stationner. Il n'a pas l'habitude de faire ce geste, mais il paraît qu'ici il vaut mieux être prudent. Si on lui volait sa monture, il serait perdu.

Mathieu pousse la porte du Central Bar avec un petit pincement au cœur ; c'est sa seule piste pour retrouver Saïda. La pièce est sombre et contraste avec la luminosité extérieure. Il faut quelques secondes au garçon pour s'habituer à la pénombre. Il distingue quelques tablées de consommateurs. Derrière le comptoir, un barman essuie des verres à bière avec un torchon blanc.

D'un coup d'œil circulaire, Mathieu sonde les profondeurs de la salle. La silhouette familière de Saïda n'accroche pas son regard. Elle n'est pas là. Soit elle n'est jamais arrivée, soit elle est déjà partie.

Mathieu se dirige directement vers le barman. Il n'a pas de temps à perdre, hormis celui passé à trouver les réponses à ses questions. Et puis le garçon n'a plus un euro en poche, le réservoir du scooter a aspiré toutes ses liquidités. Pas question de se payer une limonade. À défaut de passer commande, il offre son plus beau sourire.

– Bonjour, m'sieur, excusez-moi de vous déranger...

Le barman regarde Mathieu d'un œil torve ; on ne s'est jamais adressé à lui avec autant de politesse. Ça cache quelque chose ?

– Vous auriez pas vu une jeune fille brune ? poursuit Mathieu. Toute en rouge ?

Le barman s'interroge : non seulement ce gamin ne consomme pas, mais en plus il se permet de poser des questions indiscrètes. Un indic ? Une balance ?

Mathieu sent l'hésitation, pour ne pas dire l'hostilité de l'homme au torchon blanc. Il faut être convaincant.

– C'est ma sœur, m'sieur...

Le barman fronce les sourcils.

– Et tu lui veux quoi, à ta sœur ?

– Elle me doit de la thune !

L'explication ne semble pas déplaire à l'homme. Et puis, après tout, ce gamin est bien trop jeune pour être de la police.

– Tu viens juste de la louper. C'est la première fois que je la voyais. Toi aussi. Elle est plus bronzée que toi... Vous êtes pas du quartier ?

– Euh... non ! Enfin, si ! On vient d'emménager.

– Où ça ?

– Au bout de la rue...

– Cité des Musiciens ?

– Oui, oui, c'est ça... Elle vient de partir, vous dites ? Quand ?

– À l'instant, là, juste avant que tu entres.

– Je l'ai pas vue !

– C'est pas bien possible, je te dis, vous auriez presque pu vous rentrer dedans. Ou alors c'est que t'as de la vase dans les orbites ! Ou bien c'est le sol qui s'est ouvert sous ses pieds, je vois pas d'autre explication !

Un sourire hilare enjolive le faciès du barman.

– Elle vous a pas dit où elle allait ?

– Pourquoi elle me l'aurait dit ? Allez, t'inquiète pas, elle est rentrée chez vous, elle doit être au bout de la rue.

– Merci, m'sieur !

Mathieu se précipite sur le trottoir. Il a beau scruter les deux extrémités de la rue, aucune silhouette ne lui évoque celle de Saïda. Il enrage. À quelques secondes près, il l'a ratée. Sa vision n'est pas à remettre en cause, il le sait, et l'ophtalmologue de Ploemeur le sait aussi. S'il ne voit pas Saïda, c'est qu'elle n'est plus visible. Et s'il ne l'a pas vue en arrivant, c'est qu'elle n'était déjà plus sur le trottoir, qu'elle avait déjà disparu. Comment ? Pas en hélicoptère. Est-elle montée dans une voiture ? Si oui, par qui est-elle accompagnée ? Ami ou ennemi ? Soudain Mathieu se souvient du seul véhicule circulant dans la rue Royale à son arrivée.

Une fourgonnette blanche.

18

La fourgonnette blanche n'a pas roulé longtemps. Après avoir quitté le Central Bar, elle s'est presque aussitôt garée sur un parking ceinturé d'immeubles larges et hauts. Une cité banale, semblable à celle dans laquelle Saïda a grandi.

– Descends ! lui ordonne Lucky.

Pour traverser le parking, Loïk et Lucky encadrent Saïda.

– Tu files pas. J'ai un cutter dans la poche... la prévient l'homme au bonnet marin.

Dans le hall de l'immeuble, une bande de jeunes garçons soutiennent les murs. Au passage du trio, aucun ne se permet de faire un commentaire vaguement humoristique. Ici, personne n'ouvre ses vannes sur Lucky.

Les deux hommes dirigent la jeune fille vers l'escalier de service. Quelques volées de marches plus bas, ils atteignent le sous-sol. Les lieux sont lugubres, mal éclairés, poussiéreux, jonchés de détritus. Pour une autre que Saïda, l'endroit pourrait paraître terrifiant. Au contraire, le dédale étroit dans lequel ils s'engagent lui rappelle de joyeuses parties de cache-cache dans les caves de sa petite enfance.

– On est venu chercher ton clébard... explique Lucky. J'en ai un peu partout, des clebs, dans les caves de la cité, mais, le tien, c'est ici qu'il attend son heure...

Saïda entend la plainte sourde d'un animal. Elle ne peut déterminer de quelle direction provient le son familier.

Les deux hommes l'entraînent dans le labyrinthe des caves. Saïda songe au Petit Poucet : si elle parvenait à leur fausser compagnie, saurait-elle retrouver son chemin sans l'aide de marques ? Tous les couloirs se ressemblent, toutes les portes sont identiques, même les numéros qui devraient les distinguer sont pratiquement effacés. Peu d'ampoules sont encore en état de marche.

Quand Saïda entend un chien aboyer, elle sait qu'ils sont proches du but de cette promenade souterraine. Parce que ces aboiements, elle pourrait les reconnaître entre cent. Ce sont ceux de Loo-Ping.

Lucky ouvre une porte cadenassée. Derrière, les aboiements redoublent d'intensité. Loïk allume une lampe torche pour éclairer la pièce. Enchaîné au mur du fond, Loo-Ping montre les crocs à ses visiteurs.

– Mon bébé ! s'exclame Saïda.

Elle veut se précipiter vers son chien, mais la poigne de Lucky la retient.

– T'es pas là pour jouer au nounours !

Loo-Ping tire sur sa chaîne de toutes ses forces pour rejoindre sa petite maîtresse. Il entremêle jappements et grognements. Lucky attrape un gourdin posé contre le mur et le brandit en direction du chien. Loo-Ping, qui a déjà goûté aux caresses particulières de son nouveau maître, se rencogne silencieusement, oreilles baissées.

– Tu vois, petite, il sait déjà qui est son véritable maître.

– Salaud ! Salaud ! éructe Saïda.

– Tu te répètes... remarque Loïk.

Un mauvais sourire sur les lèvres, Lucky tend une muselière à son acolyte.

– Tu veux l'embarquer ce soir ? s'étonne Loïk.

Sans répondre, Lucky se tourne vers Saïda.

– Tu vois, petite, c'est certain que ton arrivée perturbe tous mes plans... Parce que, évidemment, on va pas te buter...

– Pourquoi pas ? intervient Loïk.

– Ta gueule ! Parce qu'on est pas des assassins, tête de bite ! Tu t'imagines en train de buter quelqu'un, toi ?

– Ben... Je sais pas... Si c'est pour se défendre...

– Et tu veux te défendre contre qui, là ? Espèce de psychopathe ! T'as peur de cette petite pouffe ? On craint rien. Qu'est-ce qu'elle peut faire ? Elle peut prouver quoi ?

– Ben, cette histoire de clebs...

– Demain, son chien y sera au fond de l'eau... Non, non, elle va repartir saine et sauve, la petite emmerdeuse...

– Quoi ?! Tu veux la relâcher ?

– Bien sûr ! Et tu veux savoir quand ? Cette nuit. Quand la lune sera haute et le sable taché de sang ! Réfléchis un peu, montre molle ! Tu sais ce que ça coûte devant les tribunaux de séquestrer une mineure ? Nous, on fait un petit business tranquille qui dérange presque personne, un petit billet par-ci, par-là, et les langues se collent au palais. Si on tombe dans le kidnapping, c'est fini d'être cool. Tu comprends ça, tête de baudroie !

Lucky se retourne brusquement vers Saïda. Il pointe son index à quelques millimètres du nez de la jeune fille.

– Alors, puisque tu es intouchable, c'est ton chien qui va morfler... En temps normal, tu sais, je l'aurais bichonné à ma manière, pour qu'il devienne bien dur, bien agressif. Un bon chien méchant. Mais il faut un peu de temps pour assouplir la bête, et, toi, tu ne m'en donnes pas. Je l'ai un peu asticoté cet après-midi et je suis certain que j'aurais pu en faire un champion ! Sauf que maintenant, petite pétasse, par ta faute, c'est plus possible.

– Ben pourquoi ? demande Loïk.

– Parce que tant qu'il est vivant, c'est une preuve de notre délit, espèce de petit pois ! Bref, tant pis pour ton chien. Ce soir, il va au carnage pour la première et la dernière fois. Ça va être un beau spectacle, tu vas voir.

Lucky se penche vers Saïda. Avec une grimace de dégoût, elle lui crache au visage.

La réplique est immédiate. L'homme gifle la jeune fille à toute volée.

Saïda valdingue sur le sol poussiéreux.

Loo-Ping aboie férocement.

– Et ça, t'as le droit de le faire ? ricane Loïk.

– Je pourrais presque être son père ! rétorque Lucky avant de s'approcher de Loo-Ping.

– Et toi, ta gueule !

Il lève son gourdin.

19

Quand, encadrés par les deux mafieux, Saïda et Loo-Ping embarquent dans la fourgonnette blanche, Mathieu se retient pour ne pas hurler sa joie. Un peu comme s'il était enfin arrivé au dernier niveau d'un jeu après avoir surmonté tous les obstacles des précédents. Sauf qu'il sait que le dernier tableau est toujours le plus difficile.

Mathieu n'a pas attendu très longtemps. Après avoir quitté le Central Bar, il n'a pas voulu s'abandonner au désespoir. Il a réfléchi. Si le voleur de chiens donne le numéro de téléphone de ce bistrot, c'est qu'il est un habitué. À Kernéant, ceux qui ont leurs habitudes à La Pomme, l'unique bar-restaurant du village, habitent tous sur la commune. L'habitude va de pair avec la proximité. De là à en conclure que le voleur de chiens vit aux alentours du Central Bar, il n'y a évidemment qu'un pas. Avec un peu de chance, si la fourgonnette vient de quitter la rue Royale, elle peut encore être dans le quartier. Moins de dix minutes plus tard, Mathieu la repérait sur l'un des parkings de la cité des Musiciens.

Son allégresse présente est malgré tout fortement tempérée par un certain sentiment d'impuissance. Oui, c'est bien beau d'avoir retrouvé Saïda et son chien, mais maintenant, que faire ? Tenter de les libérer en chargeant comme un forcené les deux balèzes ? Mathieu ne confond pas la rue avec son écran vidéo. Ici, un méchant coup de boule peut vraiment lui briser le nez et quelques dents. Et à ce niveau-là, on n'a pas le droit de jouer une seconde fois. Si Mathieu échoue dans son attaque frontale, Saïda n'aura plus aucun recours, plus aucun secours à espérer. Il faut donc attendre.

Attendre le moment propice.

Le garçon baisse la visière de son casque et actionne le démarreur. Malgré la nuit tombante, il n'allume pas son phare, autant être discret, et puis il y a plus de lampadaires que d'arbres, par ici.

La fourgonnette démarre. Il est prêt à la prendre en chasse.

– Zyva, il est chelou, ton scoot' !

Ils sont trois. Mathieu, tout à sa surveillance, ne les a pas vus venir. Ils doivent avoir son âge. Ils portent du sportswear de marque. Celui qui a parlé arbore une casquette rouge. Les deux autres ont la tête rasée.

– T'es passé sous un bulldozer ? demande Casquette Rouge.

C'est lui qui lance les vannes. Les deux autres ricanent derrière.

Mathieu n'écoute pas l'intrus. Il voit la fourgonnette quitter tranquillement le parking, mais les trois importuns l'entourent et l'empêchent de manœuvrer. Il faudrait qu'il leur roule sur les pieds pour se dégager. Ce qui manquerait de courtoisie.

– Elle roule encore, ton épave ? Tu l'as piquée, tu m' la fais essayer ? mitraille Casquette Rouge.

Il commence à pousser Mathieu comme s'il cherchait à le faire glisser de sa selle.

– Non, non, je suis pressé.

Quand Mathieu voit la main de Casquette Rouge s'approcher du coupe-contact, il comprend qu'il n'a plus le choix.

Il pousse les gaz à fond, le scooter se soulève aussitôt sur la roue arrière et bondit sur ses admirateurs trop empressés. Le trio se disperse illico. Mathieu entend un cri :

– Mon pied !

Au diable la courtoisie.

Heureusement la fourgonnette n'a pas eu le temps de disparaître. Elle est arrêtée devant un feu rouge. Mathieu ralentit. Pas question de rééditer l'opération de ce matin. Il n'est pas question non plus de se faire semer.

Pourquoi se lance-t-il dans une telle galère ? Pour une fille qu'il ne connaissait pas quelques jours plus tôt ? Peut-être parce qu'il a l'impression de l'avoir toujours connue, qu'elle a toujours été dans sa vie. Il ne sait pas quel mot pourrait exprimer ce sentiment inédit.

La fourgonnette sort maintenant de la ville. Elle emprunte la rocade. Malgré le danger et le code de la route, Mathieu hésite à peine. Il lance son scooter sur la rampe d'accélération et déboule à pleine vitesse sur la voie rapide. Un camion arrive derrière lui, sans ralentir, klaxonne agressivement, rattrape le scooter. Mathieu se rabat sur la bande d'arrêt d'urgence. Le camion le frôle au passage.

Loin devant, la fourgonnette a pris de la vitesse. Mathieu pousse sa machine au maximum. En vain. La voiture se rétrécit dans son champ de vision. Il va être largué. Son regard s'embue. Gouttes de sueur ou larmes de rage ?

L'image s'estompe. Avant qu'elle ne disparaisse totalement, Mathieu voit fonctionner son clignotant : la fourgonnette quitte la rocade.

À son tour, le scooter dévale la voie de décélération.

Au carrefour, la fourgonnette blanche reste invisible. Quelle direction a-t-elle pu prendre ? Un panneau indique la route de bord de mer et les plages qui la longent. Mathieu n'hésite pas longtemps. Il roule vers le soleil couchant.

20

Pour beaucoup, ce n'est qu'une ferraille maritime, mais, pour quelques promeneurs romantiques, l'anse de Penmich, avec ses carcasses de bateaux qui émergent au fil de l'eau, est un lieu empreint de poésie mélancolique. C'est une question de point de vue. Néanmoins un observateur attentif peut remarquer qu'aucune maison n'a été construite aux alentours ; qui veut passer ses vacances ou sa retraite face à un cimetière de bateaux ? L'anse de Penmich est donc un endroit désert. On y accède à pied, par le sentier côtier, en voiture, par un chemin sablonneux. La journée, on peut parfois croiser quelques touristes égarés en mal de pique-nique pittoresque. La nuit, les bateaux morts sont abandonnés au ressac de la mer.

Un lieu idéal pour y organiser discrètement des combats de chiens.

Une fois par mois, à une date aléatoire diffusée au dernier moment par la voie du bouche à oreille, une multitude de véhicules – à deux et quatre roues – viennent se disperser dans les dunes avoisinantes. Le point de ralliement est une péniche échouée sur la grève. Sa coque renversée procure une arène idéale. Quelques aménagements discrets ont été effectués : un projecteur branché sur un générateur éclaire le ring de quatre mètres sur quatre délimité par des câbles d'acier. Les lueurs du spectacle ne sont visibles que de la haute mer. De la côte, rien ne distingue la péniche des autres épaves.

La nuit est déjà tombée sur l'anse de Penmich quand la fourgonnette blanche emprunte le chemin qui mène au cimetière de bateaux. La lune est ronde.

À l'approche de la plage, des appels de phare éblouissent Loïk.

– Bertrand est déjà là !

– Gare-toi près de lui, ordonne Lucky.

À l'arrière, Saïda tient Loo-Ping serré contre elle ; une faveur de Lucky – « Tu peux lui donner la caresse du condamné ! » Le chien remue la queue avec frénésie. Il a déjà oublié son calvaire, il ne pense qu'à la joie des retrouvailles. Saïda enrage de se sentir impuissante. Loo-Ping est solidement enchaîné ; impossible de s'évader.

La fourgonnette se gare près d'un pick-up rouillé. Sur la plate-forme arrière, le chargement est recouvert d'une bâche.

Lucky pousse Saïda hors du véhicule. Loïk tient Loo-Ping en laisse. D'un geste ample, le dénommé Bertrand dévoile la plate-forme, déclenchant ainsi des grondements étouffés. À l'intérieur d'une cage étriquée s'agite un grand chien noir muselé. Il a senti l'odeur de Loo-Ping, sa présence l'excite. Il se débat derrière les barreaux.

– Je te présente Gun, dit Lucky à Saïda. C'est mon champion ! Toujours invaincu !

Il y a de la fierté dans la voix de l'homme.

– C'est un tueur, ajoute-t-il. Tu vas le voir dans l'arène... C'est un spectacle comme t'en as jamais vu. Des fois, ça gicle jusque dans le public !

– Et vous faites ça pour le plaisir ! lâche Saïda avec mépris.

– Mais non, petite dinde, pour l'argent !

Les trois hommes s'esclaffent.

Une trentaine de parieurs s'affaire déjà dans la carcasse de la péniche. Le projecteur est allumé, le ring est dressé. Les connaisseurs tournent autour de la douzaine de bêtes qui va participer aux combats. Les propriétaires vantent leurs champions à coups de superlatifs et de références sanglantes. La plupart tentent leur chance pour la première fois ; il faut du temps pour dresser un animal que l'on peut perdre en quelques secondes. On n'entend pas d'aboiements, seulement des grognements ; tous les chiens sont muselés.

L'arrivée de Lucky ne passe pas inaperçue. Ce n'est pas tant ses deux chiens et son acolyte qui impressionnent l'assemblée, mais la présence d'une jeune et jolie fille. Ici, généralement, on ne voit pas de femme. « Les chiens n'attirent pas les poules » aime rappeler le misogyne Lucky.

Peu de mains se serrent autour du ring. Les propriétaires, comme leurs animaux, sont avant tout des rivaux. « Tel maître, tel chien » est un autre des axiomes édictés par Lucky. Pour attiser ces rivalités humaines, le maître de Gun met d'ailleurs un point d'honneur a toujours arriver le dernier. Il sait qu'il est une star pour les parieurs et que rien ne commencera sans lui.

L'ordre des combats est vite tiré au sort. Gun participera au premier, et Loo-Ping au sixième. À même la coque, un vieil homme, investi de la fonction d'arbitre, note à la craie les enjeux des parieurs face aux noms des chiens.

Lucky se réjouit de la cote de Gun ; ce soir encore, il va ramasser une petite fortune. Ici on joue gros, quelques milliers d'euros parfois. Le propriétaire du vainqueur prélève sa part sur les gains des gagnants. La cote de Loo-Ping n'est pas mauvaise non plus : il a beau ne pas être préparé, son physique a su convaincre les connaisseurs.

Autour du ring, l'excitation est à son comble. Lucky retire la muselière de Gun et le présente à son adversaire. Quand il le lâche, Saïda détourne son regard vers la lune ronde.

21

Le grand chien noir lèche sa cuisse gauche. Ou plutôt ce qu'il en reste. Elle semble avoir été déchiquetée par un requin-tigre, l'os est à vif, des lambeaux de chair sanguinolents pendent sur le sable. Sa gueule est éclaboussée de rouge carmin. Pour la première fois, le grand chien noir boit son propre sang.

Pourtant le stafforshire ne payait pas de mine. Gun en avait vu d'autres. Il les avait combattus et toujours vaincus. Gun n'avait peur d'aucun staff, comme il n'avait d'ailleurs plus peur devant aucun autre adversaire.

C'était peut-être là la raison secrète de son échec : il n'avait plus peur. La peur engendre le doute, la méfiance, la prudence, autant de protections pour qui doit affronter le danger. Gun était désormais persuadé d'être le plus fort.

Il ne s'était donc pas méfié, et pourtant il aurait dû. En d'autres temps, il aurait remarqué les oreilles légèrement couchées de son adversaire. Le staff, lui, avait peur. Mais, pour Gun, la peur des autres allait de soi. Il ne la mesurait même plus. Il se contentait d'être celui qui grognait et aboyait le plus fort.

Ce staff, Gun le jugea donc trop vite. La stratégie, engendrée par ce jugement hâtif était on ne peut plus simpliste : il allait lui sauter dessus et lui briser la nuque d'un coup de mâchoire. C'était la tactique favorite de Gun, il était le seul à pouvoir la mettre en œuvre, il était le plus grand et ses mâchoires étaient les plus puissantes.

Quand il fut lâché dans l'arène, Gun sauta aveuglément droit sur le staff. Mais quand il retomba, sa mâchoire claqua dans le vide.

Contre toute attente, le staff n'avait pas foncé droit devant lui, il s'était défilé en diagonale. Il était maintenant sur le flanc de Gun. Même couard, on ne rate pas une si belle occasion de prendre le dessus. En un éclair de courage, le staff planta ses crocs dans la cuisse du géant noir.

La routine du succès entraîne le choc de l'échec : la douleur surprit Gun. La sensation était nouvelle, mais le chien noir comprit tout de suite qu'il était perdu. Malgré tous ses efforts, il ne parvint pas à décrocher le staff, il réussit seulement à lui arracher une oreille. Le sang coulait de sa cuisse et noircissait le sable. L'assemblée humaine criait plus fort que d'habitude.

Quand soudain les muscles de sa cuisse cédèrent sous les crocs du staff, Gun s'écroula sur le flanc. Il lui manquait la moitié de l'arrière train. Il était blessé, irrécupérable. Il entendit son maître vociférer. La peur revint. Gun savait comment finissent les vaincus. On ne les revoyait jamais.

Il ne réfléchit pas, l'instinct de survie primait. Il se redressa aussitôt sur ses trois pattes valides et chargea la foule amassée pour sa mise à mort. Elle s'écarta avec la rapidité et la souplesse d'un champ de blé. Il plongea dans la nuit.

Il arrivait aux premières dunes quand il entendit des aboiements se rapprocher. Ils étaient deux dans son sillage. On les avait lâchés pour la curée. Avec sa patte morte, Gun courait avec difficulté et souffrance, creusant dans le sable un sillon sanglant.

Arrivé au sommet de la dune, il décida de les y attendre. Il se tapit derrière un bouquet de fougères.

Pour son premier poursuivant, un rot', il bénéficia de l'effet de surprise. Il le frappa sous la mâchoire. Quand il entendit se briser les os de l'articulation, il délaissa immédiatement sa proie pour se retourner vers le second assaillant. La douleur exprimée par son collègue à la mâchoire brisée sembla faire réfléchir celui-ci. D'abord indécis, il se contenta d'aboyer. Puis il prit le chemin du retour en grognant.

Gun s'était traîné encore sur quelques centaines de mètres avant de s'écrouler sous la protection d'un rocher en surplomb.

Depuis, il lèche son sang.

La tête lui tourne. Il a mal, il a soif, il a faim, il a sommeil. Il abandonne sa blessure, laisse sa nuque se renverser contre le granit. Il ne voit plus la lune. Il pleure doucement.

– Il y a quelqu'un ? chuchote la voix d'un être humain.

Gun redresse la truffe, il est encore capable de reconnaître une odeur d'homme. C'est même celle d'un homme jeune.

Gun tente d'aboyer, mais c'est un râle qu'il fait entendre.

– Un chien !

L'homme apparaît dans son champ de vision. Il n'a pas la force de lui sauter au cou et de lui déchirer la carotide.

– Ça va pas, le chien ?

Il laisse l'homme s'approcher. Il n'a même plus la force de gronder ou de râler. Il laisse retomber sa tête contre le granit.

– Oh merde ! Ça va pas du tout, le chien...

L'homme est penché sur sa cuisse. Gun devrait lui

donner un coup de griffe de sa patte arrière valide. Il pourrait lui arracher le nez. Mais à quoi bon ?

– Tu viens d'où comme ça, mon chien ?

L'homme approche sa main de la truffe de Gun. Le chien blessé trouve encore l'énergie de grogner, il sait que la main de l'homme donne de la douleur.

Mais cette main ne le frappe pas. Elle se pose sur l'encolure et la caresse. Ce n'est pas une sensation nouvelle pour lui, il l'avait simplement oubliée.

– Tu t'es fait bouffer par tes frères, hein, c'est ça ?

L'homme parle tout seul, sa voix est apaisante.

– T'es un pauvre chien, le chien...

La main de l'homme caresse le torse de l'animal.

Gun ferme les yeux.

– Je sais pas d'où tu viens, mais je vais trouver. Et je te jure qu'après je reviendrai te chercher...

L'homme retire sa main et se lève.

Gun n'ouvre pas les yeux. Il entend l'homme partir, son odeur s'éloigner. Il la reconnaîtra entre mille.

22

Les traces du chien blessé sont bien visibles dans le sable. Elles traversent puis longent les dunes avant de se diriger vers la plage. Mathieu s'étonne de la vigueur de l'animal. Comment a-t-il pu, dans un tel état, se traîner sur une si longue distance ? Ce qu'il fuyait devait incarner plus de souffrance que sa propre blessure. Comment un grand chien comme celui-ci peut-il éprouver autant de peur ?

Mathieu frémit un court instant. N'est-il pas en train de se jeter dans la gueule du loup ?

La piste sanglante éloigne de plus en plus Mathieu de son scooter. Après avoir roulé plusieurs kilomètres sur la route côtière, Mathieu avait vu le voyant du réservoir s'allumer. En profitant de la réserve il pouvait rejoindre une station-service en ville, mais aller plus loin, c'était prendre le risque de se retrouver en panne sèche. Il avait décidé de bifurquer sur un sentier menant aux dunes. Là, il avait camouflé sa machine sous un buisson de genêts. Son raisonnement était simple : si la fourgonnette avait emprunté la route côtière, c'est qu'elle envisageait de s'arrêter quelque part sur le bord de mer. Si un combat de chiens était organisé ce soir, pourquoi pas sur une plage ? Loin de toute habitation.

Quand, du sommet d'une dune, Mathieu découvre l'anse de Penmich, il lui faut quelques secondes pour comprendre le décor. Les colossales silhouettes des bateaux éventrés sur l'eau déconcertent le jeune campagnard. Elles ont un air de fin du monde qui lui rappelle certains films de science-fiction. Aucune lumière n'est visible, mais il peut entendre quelques aboiements apportés par le vent.

Allongé sur la crête de la dune, Mathieu sent qu'il touche au but. Il lui faut maintenant quitter la protection des bouquets d'ajoncs pour traverser la plage en terrain découvert. Doit-il courir ou ramper ?

Il n'a pas le temps de prendre une décision. Une main velue et large comme celle d'un singe s'écrase sur son épaule gauche. Au bout des cinq doigts simiesques, un homme à la carrure de gorille l'observe d'un air moqueur. Il porte un bandana autour du crâne. Derrière lui se tient un autre homme, au physique de girafe. Mathieu ne les a pas entendus venir.

– Salut, petit curieux ! Tu fais quoi ici ? demande l'homme au bandana.

– Je... je me promène !

– En rampant dans les dunes ? C'est une promenade de para-commando, ma parole !

Les deux hommes rient, au même diapason.

– Je me reposais... J'étais fatigué...

L'homme au bandana ne semble pas convaincu.

– Je crois plutôt que t'es intéressé par les *dogfights* et que t'as pas reçu de carton d'invitation, pas vrai ?

L'homme au bandana rigole de ses propres propos, sans entraîner son comparse dans son hilarité. Le visage de ce dernier affiche, au contraire, sa mauvaise humeur.

– Moi, je crois qu'il bosse pour les flics ou, pire, pour une société de protection des clébards ! Tous des empêcheurs de mordre en rond !

Sans desserrer son étreinte, il relève Mathieu et le pousse vers la plage.

– De toute façon, t'es un petit curieux ! On va t'inviter aux premières loges pour que tu manques rien...

– Moi, je dis qu'il faut lui casser la tête, à cette fouine, et ensuite le balancer dans la cuve à mazout d'une épave !

– T'énerves pas, Jano. On va l'amener à Lucky. C'est lui qui décidera...

Dans la péniche, un combat vient de toucher à sa fin. Il est difficile de distinguer le vainqueur du vaincu, ils semblent aussi mal en point l'un que l'autre, maculés de sang, de bave et de poils arrachés. En y regardant de plus près, on peut néanmoins remarquer que l'un des chiens a un œil crevé et qu'il éprouve les pires difficultés à respirer avec le trou perforé sous sa mâchoire. C'est lui le vaincu.

Loo-Ping doit maintenant entrer dans l'arène. Son adversaire est un malinois.

Lucky fulmine. Ce soir, il a déjà perdu son champion et les gains espérés par une nouvelle victoire. Ce Loo-Ping a-t-il une chance de lui faire rattraper sa mise ?

– Hey ! Lucky !

C'est un nouvel arrivant qui l'interpelle, Boldie, identifiable grâce à son bandana de corsaire. Il n'est pas seul. Il pousse devant lui un jeune garçon à casquette.

– On vient de trouver cette graine d'espion...

Lucky affiche un drôle de sourire.

– Je te reconnais, toi ! T'es le roi de la cascade en scooter !

Il rigole de ce bon souvenir.

– T'es venu chercher ta petite copine ?

Il désigne Saïda d'un geste de dédain.

Le regard de Mathieu croise celui de Saïda. Les yeux de cette dernière expriment à la fois la surprise et la joie de le voir ici, mais aussi la déconvenue causée par sa capture.

– T'es venu jouer les Zorro, alors ? ricane Lucky.

– Zéro de mes fesses ! commente un observateur.

– Dis-moi comment tu comptes t'y prendre, maintenant ? Qu'est-ce que tu vas faire ? T'as un sabre de Jedi dans la poche ?

Un même rire gras secoue l'assemblée.

– Tu vois, t'arrives juste à temps. Le spectacle va bientôt commencer. Ça va te plaire. C'est au tour du bâtard de ta chérie... Et, tu sais, je vais te faire une fleur. Je vais te laisser parier, comme si t'étais un pékin comme les autres, d'accord ?

– Non, je parie pas... Et puis j'ai rien à parier...

– Et ton scoot' ? T'es pas venu à pinces jusqu'ici ? Il roule toujours, je suis sûr ! Ben voilà, c'est ça que tu vas parier. Ton scoot'! T'es d'accord ?

– Non.

La main de Lucky claque sur la joue de Mathieu. Le garçon recule de deux pas, sonné par la surprise et par le coup.

– T'es d'accord ? répète Lucky.

Son poing se ferme.

Mathieu pense à une action héroïque. Rendre sa claque à Lucky, par exemple, mais il risque de ne pas être assez rapide et, avant même d'avoir levé la main, il se fera bastonner, il le sait. Non, il va plutôt lui cracher au visage. C'est imparable. Il se fera également bastonner, mais seulement après son acte de bravoure. Mathieu se racle la gorge.

– Oui, il est d'accord, il parie ! lance Saïda.

Elle ne veut pas le voir roué de coups.

– Je... tente de protester Mathieu.

– Tais-toi ! lui ordonne Saïda.

– Tu vois, elle a confiance en son chien, elle, au moins...

23

Dans quelques minutes – le temps de jeter deux ou trois seaux d'eau de mer pour nettoyer le sang et les poils qui maculent le sol –, Loo-Ping va connaître les tristes honneurs de l'arène.

Saïda et Mathieu sont l'un à côté de l'autre. Loïk et Bertrand sont postés derrière eux et leur maintiennent les poignets. Saïda observe son chien, Mathieu détaille ses baskets. Parfois leurs regards se croisent et ils sentent les larmes monter ; ils se détournent bien vite. L'attente est insupportable.

Dans le brouhaha ambiant, l'arrivée de retardataires passe presque inaperçue. Il faut plusieurs secondes à Mathieu pour remarquer puis identifier les nouveaux arrivants.

Éric Leroy, accompagné de deux grands chiens.

Et tout juste derrière l'éleveur se tient une femme, elle aussi avec un chien. Mathieu reconnaît instantanément sa mère et Enjoy.

– Saïda ! Tu as vu qui vient d'arriver ?!

La jeune fille hoche la tête, muette de stupéfaction.

Lucky aussi a remarqué l'éleveur et ses chiens. Il semble s'en réjouir. La soirée n'est peut-être pas totalement perdue pour les affaires. Le voleur de chiens confie Loo-Ping à Loïk.

Il s'approche de l'éleveur.

Éric Leroy ne perd pas de temps en circonlocutions :

– Tu me reconnais ?

– Ouais, ouais, t'es le type qu'a les plus beaux rot' de toute la région ! Ça me fait plaisir de te voir. Finalement, t'as changé d'avis ?

Lucky observe d'un œil intéressé les deux chiens assis aux pieds de leur maître.

– T'as même apporté la marchandise !

– Non, mon vieux, je n'ai pas changé d'avis...

– Ah ! Tu veux faire de la compét' sous tes propres couleurs ? C'est comme tu veux. Mais comme on est chez moi, ici, je prends un pourcentage sur les paris. Normal.

– Je suis pas venu pour répandre le sang de mes chiens sur cette plage.

– Alors, t'es juste venu voir ? Tu fais le touriste...

– Nous sommes venus chercher Saïda et Mathieu.

– C'est qui ça ?

–Joue pas l'abruti. Ils sont là-bas, de l'autre côté du ring... Madame est la mère de Mathieu.

Lucky ne prend pas la peine de se retourner.

–Ah ouais, les deux petits ploucs qui n'arrêtent pas de me coller aux basques... Embarquez-les, pas de problème, bon débarras ! Je veux pas d'ennuis avec les familles, moi...

Il se retourne pour crier :

–Allez, les gamins ! Venez par ici ! Papa et Maman sont venus vous chercher ! Attention à la fessée...

L'assemblée des parieurs s'esclaffe grassement.

–Avec le chien, précise Éric Leroy.

–Quel chien ?

–Arrête ton cirque.

–Le chien, je l'ai acheté à la fillette. Elle avait besoin de blé.

–Tu l'as volé.

–Fais attention à toi. Tu essayes d'insulter un honnête homme ? Tu viens ici, chez moi, je t'accueille, je te respecte, je t'aide dans tes histoires de famille ; et toi, en retour, tu me manques de respect ?

Le ton monte.

–Tu me traites de VOLEUR ? reprend-il.

L'assemblée ne rit plus. Elle est scandalisée par l'accusation de l'éleveur. Être un voleur est une chose, mais accepter de s'en faire qualifier en est une autre. On ne badine pas avec l'honneur. Un geste de Lucky suffirait à déclencher la curée.

L'éleveur désigne Loo-Ping d'un geste ferme.

– C'est le chien de la petite. Il repart avec elle.

– Tu cherches quoi, monsieur Rottweiller ? À m'énerver ? Je t'ai dit qu'il était à moi...

– Lucky. Regarde-moi. Regarde mes mains.

Éric Leroy fait tourner ses deux mains comme des marionnettes.

– D'un seul claquement de doigt, poursuit-il, j'ordonne à l'un de mes chiens de te sauter au cou et de t'égorger. Ils sont dressés pour ça. Les deux. La main gauche, c'est pour Taxi...

On entend Taxi gronder dans l'ombre de son maître.

– Et la main droite, c'est pour Tobrouk...

Tobrouk imite son collègue.

– Alors tu choisis, Lucky : la gauche ou la droite ? Les doigts de quelle main vais-je faire claquer ?

Une goutte de sueur perle sur le front de Lucky. Ce n'est plus la chaleur.

24

Le soleil brille sur Kernéant et le chenil 56.

Saïda passe la laisse autour du cou de Loo-Ping.

– Et, finalement, tu ne sais pas ce qu'il a fait, ton chien, pendant sa fugue ? demande Jennifer.

– Ben non... répond-elle évasivement en ouvrant la porte du chenil.

Loo-Ping suit sa maîtresse sans dépasser son genou d'un poil.

– Assis, ordonne Saïda sans crier.

Le chien s'assied instantanément. Depuis son retour, Loo-Ping ne rechigne plus devant aucun obstacle, répond aux ordres immédiatement. Cette maturité soudaine fait de sa maîtresse l'une des meilleures élèves de l'établissement.

– C'est quand même dingue que tu l'aies retrouvé, quand même !

– Oui, j'ai eu de la chance... Beaucoup de chance ! reconnaît Saïda.

Elle n'a parlé à personne de son périple en bord de mer. Elle sait que Mathieu non plus. La mère de ce dernier et Éric Leroy leur ont demandé de rester discrets. D'ailleurs, c'est tout juste si Virginie Tromeur s'est permis un clin d'œil de connivence lors du dernier cours d'Agility. Officiellement, Loo-Ping a donc fugué.

Saïda referme la porte du chenil.

– Tu vas te promener ? lui demande Jennifer.

– Oui, il aime bien courir dans les champs...

– Fais gaffe qu'il se sauve pas encore une fois ! Tu sais, les chiens fugueurs, c'est galère. Quand ils ont commencé, on les arrête plus ! Ils vont piller les basses-cours, bouffer des poules et des lapins ! Tu veux que je vienne avec toi ?

– Non, c'est gentil, mais, de temps en temps, j'aime bien marcher seule dans la campagne. C'est un truc que je connaissais pas avant de venir ici...

De l'autre côté de la cour, sur un banc à l'ombre, Sébastien et Solenn sont serrés dans les bras l'un de l'autre. Jennifer les désigne d'un coup de menton.

– Ceux-là aussi, ils ont découvert un nouveau truc ici... Ah, l'amour qui rend aveugle et sourd ! C'est ce que me dit toujours ma mère ! soupire-t-elle.

Les deux jeunes filles ont atteint le portail. En traversant la cour, Loo-Ping n'a pas tenté une seule fois de pourchasser un papillon ou une odeur. Tête droite, impeccable.

Un moteur de scooter se fait entendre.

– Tiens, voilà ton prince charmant ! glousse Jennifer.

Mathieu freine aux pieds des deux amies.

– Tu vas promener Loo-Ping ou tu en reviens ? demande le garçon.

– J'y vais... Tu veux m'accompagner ?

– Si c'est pas trop long, d'accord ! accepte avec empressement Mathieu. Je vais poser l'engin, je prends l'autre et j'arrive tout de suite !

D'un bond, le scooter repart.

– Ah ben, c'est sympa ! remarque Jennifer. Je croyais que tu voulais être seule ? Merci, la bonne copine !

– Râle pas. Son chien fait pas autant d'exercice que le tien...

– Bonjour l'excuse... Et puis t'as vu la gueule du bestiau ? Je sais pas où il l'a trouvé ! En plus, je croyais qu'il aimait pas les chiens...

Saïda ne peut s'empêcher de sourire, mais elle reste muette.

Avec sa patte folle, le grand chien noir avance clopin-clopant, pourtant il parvient à suivre Loo-Ping le long du chemin vicinal. Il ne s'appelle plus Gun. Mathieu l'a rebaptisé Fun. Il n'aboie plus jamais, il se contente de japper comme un chiot. Il a peur de tout, du moindre bruit de moteur, de la moindre mouche. Personne ne peut expliquer pourquoi, pas même Éric Leroy, qui l'a pourtant soigné et sauvé de la mort.

Saïda et Mathieu marchent côte à côte. Leurs doigts sont entremêlés.

– Le plus fou, dans cette histoire, c'est que tu savais pas que ta mère sortait avec Leroy ! Et que tu t'en sois jamais douté !

Mathieu semble encore le premier surpris par cette révélation.

– Jamais ! Quand elle sortait le soir, elle me disait qu'elle allait voir des amis. Moi, je posais pas de questions, j'étais trop content qu'elle me force pas à l'accompagner dans ces dîners où tout le monde boit trop et parle fort !

– Tu te disais pas que ta mère pouvait avoir envie de se remarier ?

– Non. Peut-être quand j'étais petit... Et puis je me suis habitué...

– Tu manques vraiment d'imagination ! remarque Saïda en riant.

Mathieu rit en écho.

– Tu sais, Saïda, finalement, c'est plutôt bien comme surprise... Je m'entends bien avec Éric... Et puis, sans lui... Quand ma mère a vu que nous avions tous les deux disparu, c'est le premier à qui elle a téléphoné pour confier son flip. Et lui, il a tout de suite tout compris. Après il a remonté notre piste facilement...

Saïda reste songeuse.

– Au final, dans cette histoire, le vrai gagnant, c'est toi.

– T'as vu la gueule de mon scoot' ?

– Si. C'est toi, parce que tu as gagné un beau-père et un chien...

Mathieu sourit.

– Tu as raison... Mais j'ai pas gagné que ça dans cette aventure...

Il serre plus fort les doigts de Saïda. Elle stoppe sa marche. Il l'imite. Ils se tournent l'un vers l'autre. Les rayons du soleil embrasent leurs visages. L'air est chaud. Un coucou lance son chant. On entend à peine un bruit de moteur, au loin, sans doute un tracteur.

Leurs lèvres se frôlent, quand un concert d'aboiements brise brutalement le charme bucolique de cette fin d'après-midi.

À la sortie du virage, une fourgonnette blanche obscurcit soudain l'horizon.

Les aboiements redoublent d'intensité.

La fourgonnette freine pour s'arrêter à la hauteur du jeune couple.

Loo-Ping et Fun montrent les dents en grognant.

Au volant de la fourgonnette, l'homme est barbu et porte une combinaison de livreur.

– Salut, les enfants ! Je suis complètement paumé. Vous savez où c'est, l'Abbaye-Baillay ?... Dites-donc, ils sont pas sympa, vos clébards...